AF364325

BIENIO Y MEDIO

ALBERTO RATIA

BIENIO Y MEDIO

EXLIBRIC

ANTEQUERA 2022

BIENIO Y MEDIO
© Alberto Ratia
© de la imagen de cubiertas: Paqui Lara
Diseño de portada: Dpto. de Diseño Gráfico Exlibric

Iª edición

© ExLibric, 2022.

Editado por: ExLibric
c/ Cueva de Viera, 2, Local 3
Centro Negocios CADI
29200 Antequera (Málaga)
Teléfono: 952 70 60 04
Fax: 952 84 55 03
Correo electrónico: exlibric@exlibric.com
Internet: www.exlibric.com

Reservados todos los derechos de publicación en cualquier idioma.

Según el Código Penal vigente ninguna parte de este o
cualquier otro libro puede ser reproducida, grabada en alguno
de los sistemas de almacenamiento existentes o transmitida
por cualquier procedimiento, ya sea electrónico, mecánico,
reprográfico, magnético o cualquier otro, sin autorización
previa y por escrito de EXLIBRIC;
su contenido está protegido por la Ley vigente que establece
penas de prisión y/o multas a quienes intencionadamente
reprodujeren o plagiaren, en todo o en parte, una obra literaria,
artística o científica.

ISBN: 978-84-19269-46-1
Depósito Legal: MA 812-2022

Nota de la editorial: ExLibric pertenece a Innovación y Cualificación S. L.

ALBERTO RATIA

BIENIO Y MEDIO

… y tu cuerpo de tu sangre,
palabra y sueño,
tinta y tintero…

Presentación

Bienio y medio es algo más que un simple periodo de tiempo, pero en realidad es sobre todo eso.

Cuando ya son más de quince los bienios que llevo vividos, cuando las cosas que me han pasado y los acontecimientos que me han acontecido dan para una larga charla, es curioso cómo en este último bienio y medio he tenido la fascinante sensación de reencontrarme, redescubrirme y, en cierto modo, reinventarme. Sí, la epidemia de reflexión que me azota desde ese lapso de tiempo a estos días y la prominente necesidad de expresarme, crear e imaginar han suscitado en mí nuevas sensaciones que, latentes y dormidas, esperaban latir fuerte y ser despertadas.

Es obvio que este hecho no es fruto de la casualidad; debe de ser más bien una consecuencia de múltiples acontecimientos sucedidos en cadena, que de alguna forma han sembrado en mí flores tan silvestres, extrañas y preciosas que, removiendo mis tierras, han facilitado que desde el fondo de mi mundo fluyan ríos de pasión que riegan todos y cada uno de los momentos de mi vida. Esas flores tienen nombre y apellido, y mis tierras eran un frondoso vergel mudo que ha roto sus propias mordazas gracias a la luz de esas flores y a las caricias de los vientos que más añoro cuanto más tiempo hace que se fueron.

Bienio y medio no pretende nada, no aspira a nada, no espera nada. *Bienio y medio,* en todo caso, sueña con ser testimonio de múltiples sentimientos y una forma como otra cualquiera de dar las gracias. Quisiera que esto que tenéis entre vuestras manos fuese capaz de tener vida, pero sobre todo quisiera que la pálida tez que estas letras tienen como fondo enmoheciera, se arrugase y se tornara cada vez más oscura, señal esta de que manos, tiempo y ojos han pasado por encima de estas líneas.

… vuestros ojos, si como mariposas de diferentes colores se posan sobre estas letras, son los que más me importan, los que más quiero cuidar. Los que más, en definitiva, quiero.

El autor

«Y al final, como al principio, todo es amor».
Lola Zafra Ratia (in memoriam)

NO DUDO

No dudo ni de lo más improbable,
o eso creo.
Crédulo como yo solo,
o tal vez como cualquiera,
no dudo de que cada caricia
de la mano de una persona
se borra solo con la caricia de otra
(persona, claro),
o eso creo.
No dudo, por tanto,
de lo más imposible que se me ocurre.
Creo que no dudo de que tu cuerpo y el mío
fueron nuevos para mí
con nuestras primeras caricias;
de que mi mente, al menos la mía
(y, por tanto, no dudaré de que también la tuya),
empezó a pensar de nuevo con la tierna y eterna caricia
de la primera de tus ideaS.

VOLVERÉ

16

Volveré a tocar mi cuello con tus manos,
volveré a posar tus ojos en mi mundo,
volveré a amanecer atónito tapado por tu aliento,
volveré, volveré, volveré
sin haberme nunca idO.

SIEMPRE

17

Y entonces va tu cuerpo con la mejor de sus caras
y da calor a la más intempestiva de mis visitas.
Mi maravillosa anfitriona, mi vida entera, eso eres,
sencillez a mi jeroglífica falta de datos,
calidez a mi antártica ausencia de visitas ocasionales,
pero siempre a mi lado, siempre lejos de mis miedos,
siempre cerca de mí, apartada siempre de nada, nunca,
siempre al final tú, siempre en mi cabeza,
acariciando mi pelo siempre,
desde antes incluso, siemprE…

El amar

El hombre detectó una necesidad,
la de amar.
Entonces le comentó al niño
que las personas no pueden vivir sin amor,
con lo que el niño supo de la existencia
de algo con lo que se ilusionó.
Cuando el niño te hubo encontrado,
avisó al hombre, que se enamoró de ti,
y este, a su vez,
prestó mucha atención al niño,
que le propuso infinidad de juegos
con los que divertirse a tu lado.
Un día, tanto el niño como el hombre
se pusieron a pensar juntos
en un descanso de tanto juego
y, como dedujeron que la ilusión
es el único motor que les hacía vivir felices,
decidieron tener como único argumento de vida,
como dogma, como doctrina,
dormir cada noche con la única ilusión
de que el amor regresase por la mañana
acompañado solamente de tI.

CUANDO UNO ES JOVEN

Cuando uno es joven
vive pensando permanentemente
en lo que está bien o no lo está.
Cuando uno es joven
duda sobre si el siguiente paso que demos
marcará el resto de los pasos de toda la vida.
Cuando uno es joven
un pequeño momento es la vida entera,
un momento eterno, solo un lapso de tiempo.
Cuando uno es joven
se siente viejo ante el engaño,
se siente diminuto ante la ausencia,
se siente grande ante el elogio.
Cuando uno es joven
no se da cuenta de cuándo dejó de serlo.
Cuando uno es viejo
añora no haberlo sido de joven.
Cuando uno es viejo
las preocupaciones son ratas podridas que, agazapadas,
sueñan con pudrir tu mundo.
Cuando uno es viejo, o no es joven,
conoce el valor de una sonrisa
y vende todos los mundos que edificó de joven
por tenerla o dibujarla.
Cuando uno es viejo, en definitiva,
como yo en este momento,

se levanta cada mañana
con la necesidad visceral de ser joven,
al menos cuatro ratitos al díA.

Sin miedo y sin remedio

De la misma forma en que tus labios se unen a los míos
con cuidado y con descuido,
así me trato yo con ese trámite inevitable,
la muerte.
De la misma forma en que juego con tu memoria
entre recuerdos y olvido,
así me llevo yo con la absurda consecuencia de la vida,
la muerte.
De la misma forma que te quiero, en resumen,
de la misma forma sufro cada día y corro,
subo escaleras de ceniza
y desciendo hasta los más oscuros pozos de corales
de la misma forma y al mismo ritmo
que me acerco a ti
para que tus brazos me abracen con tu vida.
Huyo sin miedo y sin remedio del final,
que no es el fin, sino el principio de los días
sin mí.
O sin tI.

PRESENTE GENEROSO

Desde este espacio, que viene siendo el tuyo y el mío,
desencontrando una y otra vez algunas cosas
que busco hoy,
he vuelto a desencontrar toda la pena
que me vino como se fue,
baboseando por las esquinas de nuestro jardín,
esquivando gardenias, magnolias y sobre todo jazmines,
rememorando su propio sinsentido,
mirando de reojo lo que somos ahora
e inventando realidades antiguas
que pertenecen no al pasado,
sino a un presente generoso que nunca mira
hacia otro ladO.

LUNAS LLENAS

23

El camino de la vida está torcido;
curvas, cuestas, ramas, piedras lo abarrotan.
El camino más oscuro que se vive
o la vida caminada que se anda.
A la vera del camino, mil suspiros;
novecientos noventa y cinco son de queja,
quejas que se reflejan entre sí, sin saber cuál es de veras.
Dos de sinrazón,
uno el rocío
y los tres más ocultos
lunas llenaS.

Tu pensamiento y yo

Ando loco pensando en tu pensamiento.
Redundante, redundo una y otra vez
y siempre en lo mismo.
Vicioso, vicio todas mis estructuras mentales,
las oriento (o desoriento, ya no sé)
hacia ti,
ese punto convergente tan tangente,
lleno de líneas recticurvas que secan mis luces
y apagan las cosechas de mi mejor vino.
Dices tú que te observo,
dices que si te analizo.
Y digo yo, te digo a ti,
nodriza de tus pensamientos y mis ilusiones,
caramelo en mi boca, rosa que me llena las manos,
espejito, espejito de todas mis diversiones,
lo que hago es estudiarte cada día
como la lección más difícil
y, pese a eso,
sigues siendo un enigma indescifrable
y creo que tu pensamiento y yo
jamás nos hemos visto las caras.
Solo nos conocemos de lejoS.

LA NOCHE CUBRE LO QUE TÚ DESTAPAS

La noche cubre con sus patas de leve viento
todas las tempestades del viejo día,
llena las camas vacías
y vacía las camas que han estado repletas de nada.
La noche hostiga, asedia, entorpece, nubla y despeja,
pero finalmente vaticina,
augurios confusos de días nonatos e inmaduros.
La noche ahuyenta mientras cubre,
comenzando por las cornisas más desprendidas
de los edificios y las conciencias;
adormece lo más puro, encandila la tristeza.
La noche juzga, crece, calla y niega;
la noche besa como Judas, miente por sistema;
la noche cubre todo lo que no quiere ver
ni quiere que sea visto.
La noche esquiva, la noche oscura,
la noche es cura de botica falsa,
solución de medio pelo,
la noche turbia es turbia sin tu agua clara.
Que todo lo que la noche sucia
cubre con sus malas patas
tú con tu boca en mi pecho
súbitamente destapaS.

LO CIERTO Y LO INCIERTO

Lo cierto de tu mirada son tus propios ojos,
mariposas silvestres de incierto origen.
Desprendes en tu templanza los polvos
de todos los desiertos,
de los que ciertamente viven en tus pupilas,
de los que agota no atravesar sin gota de agua.
Lo más incierto de tu amor en mis desvelos
son ciertamente tus manos;
las dos, creo,
la que me das en la penumbra
y la otra, que ni toco ni veo,
esa con la que te aferras a las rocas
de uno de tus desiertos
para que el viento de los mares de tu boca
no destroce tu universo
ni espolvoree tus alas de mariposa.
Esa mano que no toco es lo más cierto,
lo más incierto de tu amor.
La mano esa que me das,
esa,
la mano que me tocA.

PROMETIDO

Si por haber contado mis delirios,
haberlos cantado sin voz,
haber escrito sin tino
al amor, a la justicia, a la injusticia, a lo divino
y haberlo hecho con desatino;
si debo asumir todo lo dicho,
atender a lo contado,
escuchar lo que he cantado
y leer lo que fue escrito,
retiro en este momento
tanto lo cantado, como lo contado, como lo escrito,
y prometo no volver a comprometerme
y no ser tan osado.
Prometido.
Y cantar, contar y escribir
otra vez y de nuevo todos mis delirioS.

Poetisa

28

Poetisa tú,
que derramas por tu cuerpo entre mis manos
siglos y meses y tardes de espera y añoranza,
desesperación por tus poemas.

Agua clara tú,
que limpias mi alma entera
solo con tu mirada blanca,
con tu piel más sueltA.

TIENES

        Tienes
el arte de ser la mejor parte de ti en cada instante.
Eso me hace no querer perderme
ni uno solo de tus momentos.
        Tienes
la capacidad de que lo que más te gusta hacer
es lo que ahora estás haciendo.
Eso me hace querer estar contigo en todos tus bailes.
        Tienes
la virtud de demostrarme que mis momentos de paz
pueden pintarse de alegría.
Eso me hace pedirte continuamente que pintes y pintes.
        Tienes
la generosidad de regalarte a mí
sin esperar a que yo te lo pida.
Eso me hace estar constantemente dándote las gracias.
        Tienes
la suerte de tomarte los malos tragos
con la mejor de tus caras.
Eso me hace sentir mucho más fuerte de lo que soy,
muy fuerte.
        Tienes
la curiosidad más voraz y callada
que jamás he conocido.
Eso me hace contarte todos mis requiebros mentales
sin que me lo pidas.

¿Cómo has podido tener
la enorme torpeza de no pasar tu mano
por el lomo de este pobre diablo antes?
Eso me hace sentir muy desgraciado.
Hemos perdido tanto tiempO…

¿CÓMO LO SÉ?

¿Cómo lo sé?
En mitad de un desierto,
mis ojos solo escrutan una imagen
mientras la calima o los rastros de una tormenta
no muestran nada.
Es tu silueta con lo que mi imaginación me engaña;
ni agua, ni pan, ni una sombra, ni una cama,
tu contorno rasgado por finos copos de lava.
Volcán de hielo mi mente,
ama y no te dice nada,
vuelco mi anhelo en tu frente.
¿Amainó?
El sol siempre está,
nunca lo olvido,
así lo sÉ…

Absurdo

32

En la lejanía de la distancia más corta,
un abismo lamentable de ninguna sombra,
la decadente falta de una caricia,
olvido gratuito.
Ridícula forma de no querernos la del olvido,
pero más razonable y aceptable que otraS.

Eliminadora de palabras feas

Mañana
será otro día diferente en mi vida.
¿Quién inventa las palabras bellas?
Yo intento usarlas y sé quién borra las feas; por eso,
     mañana
es otro día diferente en mi vida.
     Ayer
desapareció la palabra pereza,
lo hizo esa persona.
Por eso, fue un día diferente en mi vida.
Desapareció esa palabra y alguno de sus sinónimos;
los conocidos
apatía, abandono, holgazanería, vagancia;
y los menos:
molicie, galbana, cachaza.
Yo diserté sobre las diferencias de uso
de las palabras básico y esencial,
así como de la similitud de su fondo.
     Hoy
también ha sido un día diferente en mi vida.
Ha desaparecido, no queda rastro de la palabra lascivia,
de nuevo ha sido esa persona.
En sus huellas, las palabras que simbolizan la pureza,
la generosidad de todos los actos, incluyendo el deseo.

Incorruptibilidad, ¡qué admiración!
Yo trato de explicar desde lo más profundo de mí
y con cierta complicación
el extraño funcionamiento de palabras
que flotan en el ambiente.
La contaminación verbal,
la polución social que azota el mundo,
no llega nunca a entrar en casa.
Las cosas feas no traspasan nuestras puertas,
se ven desnudas, sin nombre;
o sin nombre, desnudas, no son feas.
Y están desnudas,
no tienen nombre,
ni sentido,
ni significado,
porque vivo contigo,
eliminadora de palabras feaS.

Paralela desnudez de los sentidos y los pensamientos.

YA SABRÉIS VOSOTROS POR QUÉ

35

Habéis hecho de celestes tinos
la aventura de un empeño,
maquiavélica dulzura en vuestros actos,
siembra de tristes naufragios,
de alegres frutos cosecha,
barbechos ricos de savia,
perspicaces desatinos.

Sobran solo tres letras del primer verso
para que quede bien hecho.
Celestes tinos habéis urdido,
eso es cierto,
pero, sobre todo, queridos amigos,
habéis hecho de celestinoS.

HACER NADA ES HACER MUCHO

Inconfundible,
la traslucidez de un día cualquiera,
nuestro tesoro caminando solo hacia la horca,
abnegado,
sin voluntad,
resignado a su destino,
sol opaco de tibios rayos en su lomo,
brisa helada en su costado.

Nosotros,
espectadores de nuestro propio vía crucis,
sin fuerzas, con manos de plomo y estopa,
lo presenciamos.
La luna es una cortina de humo en nuestra mirada,
la corremos indolentes
al no evitar que nuestros párpados cobren vida propia.

Nuestro tesoro sube las escaleras hacia la nada.
La escena
hace que no parezca parecer aquello tan parecido.
Parece más que pereciera la tormenta de alelíes
que nos envió el destino

del suicidio de nosotros,
células de vida ajena en nuestras pieles,
pieles ajenas de vida en las pupilas.

La soga
nunca anuda,
nunca aprieta,
menos duele,
se desliza como aceite derritiéndose
al sol de aquellos cuerpos de niño,
aquellos niños que fuimos,
aquellos niños que somos,
aquellos, que seremos siemprE.

FÁBRICA DE ILUSIONES

Miraremos atrás y nos veremos más de cerca,
descuidadas gotas de rocío
cayendo de entre nuestros nervios,
migas de ilusión a menudo olvidada,
siempre presente, rara vez calmada.
Semillas de sudor turbio entre la histeria y la esperanza
se desprendían de los andares de uno,
enterradas en tu vientre con las pisadas del otro,
camino de piedras preciosas, camino de legañas,
deseo cumplido,
sueño logrado,
garantía del funcionamiento de la maquinaria.
Invento de mí mismo cada día,
me invento para ti en tu gozo,
para mí en tus ojos,
proyección de nosotros en nosotros.
Seremos ayer como fuimos mañana
y nunca más como hoy.
Detenernos mañana en este momento,
lágrimas alegres de efímera condena,
y recordar que mis cariños
riegan esas semillas abonadas en tu vientre
que se desprendían de los andares de uno
y se enterraban con las pisadas del otro.
Las cosecharemos ayer
y las recogimos mañana…

Son ríos las lágrimas de emoción
que cosquillean la comisura de mis labios
en tu ausencia, ¿o no?
SonríO.

… YA SABE EL CORAZÓN

Apuesto por ti.
Bienaventurado tú
si piensas que el amor a los que no se AMA
pasa por la virtud entre
la capacidad de disfrutarlos
y la habilidad para soportarlos.
Y por ti,
incapaz de lo uno y de lo otro,
también apuesto hoy.
La simulación de la total ausencia de esos no queridos,
incluido tú, por descontado,
como quieras ser recordado.
Así debes ayudar a forjar las vidas de los tuyos,
con ese egoísmo prestado,
con la épica intención de que todos somos historia,
imaginándote a ti mismo en la ausencia
de las personas que te tienen ahora.
No existe generosidad en el querer;
el altruismo absoluto es querer
que aquellos que te quieren hoy,
que te quisieron, o no, ayer
te quieran mañana,
y después,
y a quién se ama ya sabe el corazóN.

... despreocupad y daos prisa ambos,
que el reino de los cielos,
por si acaso,
debe vivirse en la tierra.

¡ESTA NIÑA!

¿Dónde estarás ahora?
¿Dónde te habrás metido?
Toda la mañana jugando al ratón y al gato
y tu madre al llegar.
Te busco y no te encuentro,
no te busco y apareces.
Si quiero que te estés quieta para hablar contigo,
desapareces llenándolo todo de tu rastro,
te me escondes,
dejas cientos de huellas,
sigo tu rastro y tu halo se remezcla consigo mismo.
¡Ya te he dicho que no soy tan listo como crees!
¿Dónde te has metido?
¿Será posible? Y tu madre al llegar.
Menudo padre estoy hecho.
Quiero que ella te encuentre guapa,
intacta, como si no se hubiese ido, o mejor,
y tú nada.
¿Dónde estás, cariño?
Ven, ven y siéntate conmigo, que te voy a contar algo.
Miro alrededor y no te veo, no estás,
pero todo tiene algo tuyo,
todo brilla y reluce.
¡Dios! Ahora estás aquí y sigo sin verte,
lo sé por muchas cosas,
lo sé.

[La puerta se abre, es tu madre].
Ahí estás, ilusión,
en los ojos de ella.
¿Cómo lo haceS?

Ojalá nunca

Brindaré.
Brindaré y bailaré sobre la fría losa que os cubra,
santuario de libertad vuestra pérdida.
Brindaré por vuestra muerte
(aunque hubiese preferido el no nacimiento),
quiero estar aquí cuando vayáis cayendo.
Buscaré los mejores caldos,
lavaré las más vetustas copas,
quizá alguna ya sirviera para festejar por otros canallas.
Bailaré pasos de todos los bailes,
uno por cada infancia aniquilada,
por cada minuto de inocencia devastada,
por cada ápice de asombro secuestrado.
Sudaré bailando la rabia
por la que fue vuestra existencia,
amigos de la lucha,
que jamás luchasteis con la más certera de las armas,
la palabrA.

RECORDATORIO

[Entre unos papeles algo más recientes,
unas manos furtivas, temblorosas,
tapadas con el paso de montañas arrugadas
y surcadas por ríos púrpura de trapisonda virtud,
descubren un sobre que debió de ser blanco
tapizado por un leve manto crudo de otros cuerpos colindantes,
desgastado por el dulce estrépito de muchos años de quietud,
filos arrugados, esquinas dobladas.
En una cara, el vacío;
en la otra, unas palabras
con rigurosa imprecisión:
«Para cuando te olvides de ti…»].

Para cuando tu piel, tus huesos
y todos tus demás tejidos
comiencen su inexorable paseo hacia la decadencia.
Solo para entonces,
para cuando tu cerebro y tu corazón
sufran casi un mimetismo,
menos gris el uno y menos rosado el otro.
Solo para entonces,
para cuando pierdas lo que tienes delante
y olvides no olvidar lo cotidiano y anotar lo recordado.
Solo para entonces
quiero contarte que un día hubo alguien como tú,
que fui yo,

que eres tú,
que tuviste la fuerza de mil hombres ilusionados,
la esperanza de mil niños impacientados;
que superaste todos tus éxitos
con la misma pasión e irreverencia
con que coqueteabas con el fracaso;
que te hiciste fuerte con la dignidad de la derrota
y que ni una sola de tus victorias
fue capaz de debilitarte;
que anduviste fascinado persiguiendo la sabiduría
y yo nunca te vi alcanzarla,
solo corrías y corrías detrás de ella;
que inventabas ilusiones con filantrópica obsesión;
que intentaste luchar contra todos tus tormentos
dándoles muerte, escribiéndolos;
que nunca pudiste reprocharte
que no habías dado el alma en tus empeños;
que intentaste conocer todas tus vidas y entenderlas,
aquellos que fuimos antes,
el que soy ahora y el que esto lee;
que siempre hemos intentado ser los mismos
con diferentes libretos,
vestidos con la misma mente
que sostuviste y yo sostengo.
Una tupida capa de fe en el amor, no en la suerte,
que entre tus manos nunca hubo maldad,
sí arrogancia y cierta vehemencia en tus pensamientos.
Vehemente tú y yo y aquellos que fuimos
y los que hubo en el camino.

No me olvido de decirte
que vengo a charlar contigo, conmigo,
desde aquí, desde hoy,
para decirte cómo somos, cómo hemos sido.
Somos, soy, eres, incluso fuimos «esto» que describo
solo por una causa, un motivo, una razón,
la razón del nunca Olvido.
El amor nos dio palabras
y esa Victoria, sonidO.

LOS Y ANUL

Anoche, cariño mío, casi ni te pude ver.
Unas nubes de ceniza me cegaron esta vez.

> Pues yo sí, muy de mañana,
> casi cuando me asomaba,
> una imagen muy lejana.
> Ahora estás más regordeta,
> me gusta verte tan sana.

Pues estoy triste y cansada.
¿Cuánto tiempo pasó ya?
Me tienes abandonada.

> ¡Pero vida!, ¿qué me dices?
> Si te sueño cada día
> y en tu espera ni me duermo,
> acelero las tormentas
> si en tormenta me convierto,
> si te caliento la cama,
> si al mundo entero divierto
> para que duermas tranquila
> al olor de mi recuerdo.

Que no quiero tu recuerdo,
que no quiero que me cuides,
que me pudro en tu esperanza,

que me trastorno en tu ausencia,
que me asfixian tus jazmines.

> Hago todo lo que puedo,
> te ilumino cada noche,
> te deseo cada día.
> Ya pronto coincidiremos
> siendo de noche y de día.

¿Un encuentro? ¿Para cuándo?
Estoy loca por tenerte.
No te quiero más ausente,
me duele mucho quererte
y mi influjo está fallando.

> Ya muy pronto, lucerillo.
> Voy a abrir tanto mis brazos,
> voy a estrecharte tan fuerte
> que a los ojos de la tierra
> ni la tierra podrá verte.
> Entonces nuestra agonía
> habrá llegado a la muerte.

Con eso sueño, rey mío.

> Y yo sueño con que no despierteS.

*Un mar de motivos y un desierto de recompensas,
la definición más cercana de un concepto lejano a la
realidad, el altruismo.*

AJUSTE DE CUENTAS

Desestimada persona,
dos puntos.

Vengo a reclamar lo mío,
vengo a denunciar un robo.
Describiré los conceptos,
los detalles, la cuantía.
Vengo buscando mi vida,
una vida solo mía.

Le reclamo mis escalofríos,
los de esperarle despierta,
los de sus caricias en mi pelo,
los de su lengua en mi cuello,
los de su beso en mis senos,
los de su sexo en mi sexo.
Vaya, todos mis requiebros.
Deme la piel de gallina
y mis vellos de cemento.
En ellos creí nacer,
pero en ellos fui muriendo.

Le exijo que le devuelva
la ternura a mis palabras,
los temblores a mis piernas,
los de antes y después,
el mapa de mis dilemas
y las curvas a mi piel.

Las respuestas que encontramos,
los muros que levantamos,
también los que derribamos,
mis bostezos,
mis legañas,
mi sudor, mi desnudez,
mis abrazos, mis caricias,
todo lo que ya no es mío,
¿me lo puede devolver?

Abra las puertas del mundo,
aquellas que bien cerramos,
que se lo coma el tumulto,
ese del que nos cuidamos.

Sobre mis cuatro secretos
le suplico los olvide:
mi niñez, aquellos miedos
y mis ganas de ser nube.

Sobre mi olor en su ropa,
las sombras en las paredes
y algunos rastros de vida
que en mi ausencia usted herede,
se lo ruego, rómpalos y quémelos,
aniquile mi recuerdo
o, mejor pensado aún,
incinérese con ellos.

Para ajustar bien las cuentas,
en mi poder dos pertenencias.

Una se la vengo a devolver,
son estas letras,
y le agradezco el detalle,
ahora entiendo bien sus clases.
El rencor se lo devuelvo,
en mi vida ya no cabe.

La otra cosa me la quedo
muy adentro, muy feliz.
Lo mejor de mi desgracia
crecerá dentro de mí.

Roca dulce de coral
en atolón de marfil
con rasguños de metal,
tras cien tormentas de amor
y un pequeño gran volcán,
ajeno a toda maldad,
fruto de un tierno deseo,
ilusión idealizada,
de mi soledad consuelo.

No me busque ni lo
intente, el esfuerzo será en vano.
A sus ojos, en su vista,
nunca cupo rastro humanO.

ANOTACIÓN PARA TI

En un pequeño cofrecito de madera,
unos dedos bañados con una dulce capa de tiempo,
con la finura y la fragilidad de delicadas mariposas blancas,
se posan en un montón de juveniles pendientes
que siguen siendo de vivos tonos,
exactamente como eso, como mariposas
que llegan agotadas de un largo viaje.
Anillos dispares adornan esos dedos
que adornan los propios anillos.
El arco iris de colores infinitos con fondo ocre de madera
extrae de entre los azules y los naranjas
otro cofrecito minúsculo con letras grabadas,
malas letras para una curiosa frase:
«Así eras…», dentro esta nota, múltiples veces doblada.

Para cuando empiece a ponerse el sol de tu vida
y el color de tu pelo empiece solo
su ajuste de cuentas con el tiempo,
el sueño te visite sin ser invitado
y lo confundas con la vigilia,
tus ojos brillen con el mismo resplandor de siempre
sin motivo aparente.
Para cuando los años hayan quitado la razón
a tus tormentos
y tus huesos se empeñen en volver a dársela.

Para cuando tus manos y tu vientre
tengan muchas más historias que contar
de las que tú puedes recordar.
Para cuando tus palabras tarden tanto en llegar
de tu mente a tu boca
que, cansadas, den media vuelta
y no encuentren el camino de regreso.
Para cuando de verdad necesites cierta ayuda
y sigas sin pedirla.
Para cuando yo no esté a tu lado
y tú estés solo a ratos contigo.

Para ese día,
que, supongo, es este,
quiero recordarte cosas de hoy,
que espero que para ti sean muy muy lejanas.
Te voy a hacer un dibujo, no será a mano alzada.
En realidad, será calcado,
copiaré lo que tengo delante,
te copiaré a ti con las palabras que me salen,
las que tú me das, las que me darás y me diste.
Quiero darte constancia y conciencia de ti,
no te esfuerces en recordarte,
no hace falta, yo te explico.

¿Imaginas una sonrisa capaz de iluminar vidas?
Yo no tuve que imaginarla,
yo la viví a tu lado y enfrente tuyo.
¿Imaginas una piel con vida propia,

la somatización en estado puro?
Yo la tuve a mi lado,
dormí tocándola,
disfruté la pureza,
la ausencia de contaminación del alma,
la entrega de poderes a los sentidos.
Así fuiste y no puedo imaginarte
hoy de otra forma mañana,
quiero decir, ahora.

Te conocí de pasada,
te abracé sin previo aviso,
no desprecié ni uno solo de los momentos
que pude pasar contigo
y sin pensarlo un segundo te besé para toda la vida.

Me enseñaste el sentido de las cosas
y que nada es ni verdad ni mentira,
me dedicaste las canciones más dulces,
tu voz en mi duerme y vela.
Me administraste las dosis
que no creí necesitar de todo lo que no conocía.
Me amaste y yo he estado todo este tiempo intentando
que ahora también lo hagas
en mi ausencia terrenal.
Estoy sentado a tu lado,
meciendo tu viejo pelo,
tocando la piel de tus olvidados y preciosos senos.

Fuiste la redondez del círculo de mi vida.
¡Qué alegría en la mañana! ¡Qué ternura en la noche!
Qué paciencia en mis palabras
y qué dulzura en las tuyas.
Me enseñaste dónde estaban escondidos
los cimientos sobre los que edificar mis sueños.
Compartimos esos sueños
y nos inventamos nuevos.

Amaste la vida
y cada momento era mejor que cualquier otro.
Encontraste la cara dulce de todo lo amargo,
dulcificaste el caos, mitigaste la pena,
fuiste fuente de inspiración, oráculo de bondad.
Reinventaste la generosidad,
dotando de aspecto humano esa virtud.
Supiste ser tú huyendo de ser otras personas.
Pediste perdón por tus éxitos, incluso por haber nacido.
Supiste entender tus pocos fracasos
como escalas de un viaje
que nunca tuviste planeado.
Te guiaste siempre por la confianza
de quien sabe que lo más importante es la fidelidad
a sí mismo,
a su pasado, a su origen,
a su presente, a su futuro,
a la honestidad anónima,
al amor sobre todas las cosas,
al esfuerzo por alcanzar mundos mejores.

Porque la justicia natural debe existir
no estaremos leyendo esto juntos hoy, mañana,
ahora quiero decir.
Te ruego lo hagas como siempre,
despacito, sin demasiada atención.
Léelo en voz alta o baja,
pero que yo te escuche, cariño,
que sin tu voz no hay palabras
ni con tu sonido pena.
Ojalá espejos andantes alrededor de ti
te recuerden lo mejor de mí,
que no es otra cosa que tú,
el mejor de todos los poemaS.

HACER UN POEMA

Reinvención de las pasiones, los sentimientos, las ansias,
idealización de lo ideal,
la frustración del pragmatismo sensible,
sentir envidia de uno mismo y melancólica lástima,
sentenciar la propia fe con la oratoria del alma,
egocentrismo disimulado
bajo pétalos de diferentes flores imaginarias,
rosa a las espinas y cuello a la cadena,
búsqueda incesante,
desencuentro continuo,
ostracismo voluntario,
lágrima sobre lágrima,
sonrisa sobre sonrisa,
sobre sonrisa la lágrima,
sobre lágrima sonrisa,
sobre la voz la palabra,
sobre la angustia el suspiro,
sobre el papel la guadaña,
creencia de ida y vuelta,
autocrítica torturante,
arrogante rebeldía,
repulsión por lo cobarde,
cortas vacaciones para toda una vida,
virtuosismo forzado y la fuerza de la virtud,
palabras exprimidas de frutas secas,
grandilocuentes manantiales resumidos,

ideas contaminadas con buenas intenciones
ansiosas de originalidad,
estremecedora sinapsis de los pensamientos furtivos,
confluencia de ríos, de lagos,
de mares en súbitos estragos,
impaciente deseo febril de llegar al destino,
hipertrofia de los sentidos,
altruista atrofia de los pretextos,
necesidad compulsiva de decir cosas
de dudosa incoherencia,
progresiva incapacidad para hablar con congruencia,
oasis pedregoso de inalcanzable final,
dictadura irrevocable de voces inaudibles,
caprichosa forma en la que luchan
las palabras que no se escribieron
con las que se escriben ahora,
paseo desafiante por la puerta de mi casa
de las expresiones no expresadas,
la seductora fuente inagotable de recursos
que saltan de un lado a otro, de la memoria al olvido,
y al final se esconden
donde solo el poeta sabe encontrarlos,
igual que el último verso,
que jamás llega solo,
solo arrastrado y a la fuerzA.

Breve ser humano

Si tus ojos
no contemplan
los gestos de mi cara, de mis manos, de mi cuello,
el torpe andar de mis piernas;
si tus ojos no cotejan todo mi cuerpo,
¿para qué quiero yo el movimiento?

Si tus oídos
no escuchasen
los gruñidos de mi tosca esencia,
los dulces intentos de decirte mis adentros;
si tus oídos
no enmudeciesen mis gemidos,
¿para qué quiero yo contar mis sueños?

Si tus manos
no amasasen,
o amansasen, mejor dicho,
mi lomo erizado de miedo,
no cargasen de hogareñas caricias
las pilas de mi ingenio,
no inventasen como descubren
oasis en los rincones de mi cuerpo,
¿para qué quiero yo un cuerpo?
¿Para qué me quiero yo
si no sirvo para mí, ni de cuerpo?

Si tu voz
no hiciese cosquillas en mi alma,
si mi alma no pudiese bailar con tu voz,
si tu sonido no llegase a mí cada mañana,
si cada noche no durmiese mecido por tu aliento,
¿para qué quiero dormir, ni soñar, ni reír
si apenas vivo me siento?

Si tu aroma no fuese el de mi vida,
si mi cuello no llevase impregnada tu esencia de cariño,
si mis propias manos no pudiesen oler a ti
ni otras partes de mi cuerpo tampoco,
dime ¿para qué necesito el olfato?

Si mis sentidos no te conociesen
sería necesario intervenir de inmediato;
si con ellos yo no te sintiese,
¿es que quiero sentir algo?
Solo mi sentir es tuyo,
solo mi vida tu mano,
tu voz, tu aroma, tus ojos,
tus oídos; todo eso soy yo,
solo un breve ser humanO.

VALE MÁS UN GRAN ESFUERZO

El sudor que destilan mis poros
en esos momentos,
esos momentos oscuros
de paralítica ansiedad,
huele a todo eso que un día juramos odiar por siempre.

Huele a esa extrañeza de la que se viste tu cara
al no reconocer a la persona
con la que firmaste la lista
de las cosas que no necesitabas en tu vida.

Huele y empapa de dolor de cabeza
cada extremidad de nuestros cuerpos,
anquilosa las articulaciones,
enmudece nuestros ojos y ciega nuestras voces.

Esos momentos
nos hacen vernos sentados
en lados opuestos de un cañón
mientras vemos cómo el viento desanuda
amarga y lentamente los nudos que conforman
ese frágil a la vez que seguro
puente de cuerdas bienolientes
que nos conecta para siempre jamás.

Esos lados opuestos de dos grandes rocas
que momentáneamente pierden el nexo
de conexión de cada lado,
que es aquel puente de antes,
nos permiten cuando esos momentos pasan,
o cuando los hacemos pasar, más bien,
comprobar que esos dos puntos tan distales
son al fin partes de una montaña
a la que el tiempo, el azar
o simplemente nuestra voluntad
ha dado forma de luna,
una sola,
aunque en ocasiones
cada uno se cuelgue
de cada uno de sus rabos,
siempre coincidiendo con el momento
en el que el cuarto tiende a menguar.

La luna siempre se llena
y el puente se construye con ella.
Somos nosotros de la manO.

Esos malditos silencios

Tormenta de luz en mi anochecer,
oscura, lánguida, silenciosa, cruel,
ausencia de mí, vuelvo a nacer.
¿Me lo preguntas? Quisiera responder.

Guardo amaneceres oscuros
en oscuras esquinas.
En otra, la razón se ama con tu piel.

Pensamientos recorren mis venas,
vuelvo a nacer más viejo,
domador incansable de sí mismo
al que las fieras de la vida
arrancan a mordiscos su experiencia,
indomable domador de indomables sentimientos,
domador indomable,
domador de doma sediento.

Empequeñezco mientras voy creciendo,
mariposas fugaces traen tu aroma
como polvo de vida,
como el mismo futuro hecho lepidóptero
incontrolado, incontrolable, impredecible,
lento y cadencioso batir de alas el destino.
Te quiero hoy, pero quisiera verte ya mañana,
dictatorial impaciencia que me saca de esta fiesta

para planificar la próxima.
Leo una página pensando en la siguiente,
escribo una palabra que siempre va delante de otra.
Nunca una palabra sola en mi boca, solo a veces.
Te amo hoy, en resumen,
para amarte ayer y siempre.

Con usura guardo tu amor en tarros nuevos,
los cierro con mis manos inseguras
y no dejo que los rocen ni mis miedos,
y rebusco en un jardín de flores secas
que se secan y florecen con tus sueños,
y mirando fijamente yo me elevo.
Me seduce la ternura de tu cuerpo,
me seduces, me das vida, me das vuelo,
me lamento por sentirme tan pequeño.
De ser tuyo jactancioso me enaltezco.

De montañas solitarias yo procedo,
de solares desolados estoy hecho,
el abono a mis cosechas son tus besos
y devastadoras plagas que me asolan
mis silencios, esos malditos silencioS.

¿ME LO DEJARÍAS AQUEL DÍA?

Siempre llega, o no,
pero al llegar nunca avisa.
Y cuando no va a venir, o nunca viene,
es imposible echarlo en falta.
Nadie nunca, sería imposible, la ha visto en persona,
sí disfrazada; y justo de esta forma
podemos saber que no está cuando se disfraza.
Se podría decir que es invisible, pero no lo es.
Se podría decir que no se puede tocar, y es cierto.
Se podría decir que no se nace con ella,
pero se podría decir también que sin ella se muere,
al menos de tiempo.
Yo me la invento y la imagino de muchas formas,
así me llega su certeza, que no su imagen ni su tacto.
Me atrevo a decir quién sí y quién no la tiene,
pero de mí no hablo, solo me coloco a su alcance
con sensatez, buen juicio y prudencia.

Imagino que llega algún día
que no luce el sol a nuestro antojo,
una tarde gris, tiene que ser de invierno
y a poder ser lloviendo.

Imagino que se sienta a nuestro lado
sin que le hagamos sitio,
en un asiento incómodo,

quizá un banco o un viejo sillón de escay,
o quizá de rodillas en el suelo,
con frío mármol bajo nosotros
y fluorescentes en el cielo.

Imagino que al principio se producirá un rechazo,
quizá alguna arcada, quizá temblores,
tal vez algún leve llanto, pero todo pasajero,
efímera aceptación de un estado nuevo.

Imagino que llega y se queda quieta,
es su condición principal,
pero que poco a poco
y con el paso de determinados acontecimientos,
si uno la quiere notar
conseguirá ser su dueño y dictar su voluntad.

Imagino que después de aquel periodo
de incubación pasajera,
dificulta la salida
de lágrimas tizoneras.
Se coloca en los oídos
para dejarnos escuchar
esas cosillas que somos,
pero queremos callar.
Se convierte en mariposas
que rodean nuestros nervios
cuando en los tiempos del cólera
no soltamos improperios.

Y cuando las palabras huelgan
y solo nos queda la fuerza,
con grilletes y maromas
nos maniata con paciencia.
Nos acoge en su arca
cuando el diluvio universal se avecina,
nos da energía para bromear con todos los animales,
que de dos en dos suben,
dejando atrás al resto de toda su especie.
¡No hay catástrofe!
¡Ya saldremos de esta!
Nos permite no juzgar a base de juicio.
«Aquel que piensa como los que mataron a mi abuelo
seguirá matando mañana si puede
en el nombre de Dios, de la patria o solo del dinero,
pero si tengo que respetarte, te respeto».
Nos da ojos para ver en silencio el devenir de las cosas,
nos permite ver el mejor lado
de todo lo opuesto a nosotros
y también nos impide practicar la detestación.
Nos ayuda a aceptar posturas diferentes a las nuestras,
nos aconseja no tener credos,
huir de dogmas,
cuidarnos de los aforismos,
evitar los eufemismos,
nos indica los caminos más rectos a la felicidad:
amor y honestidad.
Nos permite exculpar de nuestros fracasos
a los únicos culpables,

los padres,
y nos da la capacidad para copiar de ellos
todo lo que queremos ser
y decírselo a la cara, o al viento si ya no están.
Como a ti, compañero, que te tengo olvidado,
o eso te crees tú,
que estás conmigo cada día de mi vida.
No busco tu aprobación, ese no es nuestro estilo.
Lo que busco es decirte cogiéndote de la mano
que ya te conozco; quince años después
reconozco que te veo.
Y con lo de antes quise explicar
que tu herencia, tu legado, la cosechaste aquel día.
La certeza de ti ha ido creciendo en el árbol de mi vida
y hoy está madura
como la palabra con la que quiero decirte que te quiero,
como mis ganas de que vivas todo lo posible en mí,
como las ansias que tengo de que —mentí—
consideres que soy lo único que me pediste,
persona
que sueña con tu sonrisa,
con tu voz desde tu cuarto,
con tus manos en mis hombros,
y que todavía tiene pesadillas
con mis rodillas en el suelo,
con frío mármol debajo y fluorescentes en el cielo,
aquel día que me sonreíste por última vez,
y que si ya me ha llegado, me llegó la madureZ.

VUELO

Vuelo por encima de ti,
vuelo para verte mejor,
vuelo con tus palabras y con mis letras,
vuelo con tus desatinos y tus anhelos,
vuelo con tus rayos de luz,
vuelo con tus pasiones entre tus nubes,
vuelo porque tú me haces volar
y porque me das alas, vuelo.

Vuelo con tu voz refunfuñando un «te quiero»,
vuelo lejos de mí en tu busca,
vuelo lejos de nosotros cuando tengo frío,
vuelo porque la vida es hermosa,
vuelo porque sé que estás conmigo,
vuelo para que la inercia me introduzca más en ti,
vuelo porque quiero enamorarte cada día,
porque te amo a cada momento, vuelo.

Vuelo para sufrir tu dolor,
vuelo para ser cada día más bueno,
vuelo para cuidarte del viento,
vuelo para prever las tormentas,
vuelo para mimarte aun de lejos,
vuelo gravitando sobre tu cuerpo,
vuelo cuando pienso en ti
y cuando vienes a mi pensamiento, vuelo.

Vuelo siempre haciendo tiempo,
vuelo siempre contra el tiempo,
vuelo buscando tu gloria,
vuelo para que ya sea mañana,
vuelo para que veas cómo vuelo,
vuelo para contarte mis sueños
y para que me sueñes, vuelo.
Mi más rotunda Victoria,
el más placentero vuelO.

No soy eso, soy lo otro

A veces, solo a veces y casi todos los días
me pongo reglas, me impongo normas,
quedo conmigo y llego puntual,
me obligo a descansar a tal hora y lo hago,
me prohíbo fumar y fumo menos,
me coloco un libro en las manos y me digo:
«Lee al menos dos horas y estás libre».

A veces, solo a veces y posiblemente todos los días
incumplo mis propios recados,
me lo recuerdo en mil sitios diferentes,
me recuerdo que me lo he recordado,
me prometo un regalo si soy estricto
y me doy permiso a mí mismo para escribir.

A veces, solo a veces, casi siempre,
pero nunca deliberadamente,
mis tareas y mis castigos son públicos,
mis estrictas normas de conducta,
los premios que me concedo si consigo mis metas,
y si no también.
En resumen, mi seriedad y mi palabra.
«Puedes contar conmigo», me digo
«Lo sé», me contesto.

Y escribo,
como ahora, como hace unas líneas,
como las que vienen luego,
con amor al papel en blanco
y curiosidad por el que esté relleno,
ataviado con el intento de seguir
con mi ortodoxia adelante.
Ayer escribí sobre el amor;
mañana, abnegado, volveré a hacerlo,
siempre riguroso, voraz, impaciente,
intentando ser excelso
con mi careta roída de ortodoxo.
Pero hoy no será igual;
por primera vez escribo esa palabra, ortodoxo,
y buscando su significado
me encontré precisamente en su antónimo:
disconforme con doctrinas o prácticas
generalmente admitidas.
No sé si es habitual o no,
pero cuando menos extraño sí resulta
haber tardado más de tres décadas
en llamarme a mí mismo en la cara
ni ácrata, ni socialista, ni liberal, ni rojo.
Simplemente
heterodoxO.

CON PEQUEÑAS FRUTAS DE COLORES SIN NOMBRE

Te colocas en mi pensamiento siempre igual,
igual que si fueses mi propio ser.
Es una curiosa estancia la tuya:
vives, estás, duermes y eres
lánguida y pueril por fuera,
como dijera un poeta,
dura y severa por dentro.
Armonía en tu incoherencia,
no sé qué me gusta más.

Te posicionas, como decía,
en todas las cosas de mi vida,
pero en el pensamiento…

Existes como un árbol en mitad de un bosque desierto;
tú el árbol, bosque desierto mi mente.
Es invierno ahora
y amanece.
El árbol es pequeño, muy pequeño,
cuando el sol levanta,
pero está criado
como esos árboles orientales,
esos con frutas diminutas
de fuertes y bellos colores,

de colores sin nombre.
El sol se apremia en iluminarte,
dando sombra al resto del bosque, mi mente.
Como película a cámara rápida,
creces y creces, así todos los días
hasta que tus raíces enraízan
toda la tierra y se dirigen al sol para atraparlo.
Se convierte en las paredes del bosque
hasta el momento de dormir
y volver a ser el pequeño árbol,
lánguido y pueril,
que está en el centro de mi mente, aquel bosque
que tus raíces tiene por paredeS.

Diferente no es distinto

«Siéntate a mi lado», te dije
y tú lo hiciste
después de alguna protesta.
Si miras hacia delante,
verás lo que yo veo,
es lo mismo.
Tú deduces tus deducciones, yo las mías,
pero ves lo que yo veo y es lo mismo.

«Imagina lo que no puedes ver», te volví a decir
y después de nuevas protestas sobre el tiempo
pareciste hacerlo.
Quieres ver lo que yo quiero,
es lo mismo.
Tú imaginas de un color, yo quizá de otro,
pero quieres ver lo que yo veo y es lo mismo.

«Mírame ahora a la cara», te pedí.
Las protestas fueron fusiladas por tu curiosidad.
Ves lo que yo veo, es lo mismo,
no me hace falta nada máS.

SONETO SOBRE TU SONRISA

Escondida tras esas nubes de fresa,
rascacielos de mi lengua,
parihuela de mi esencia,
reino digno de princesa.

Arco iris de colores limitados,
dientes blancos de coral
con extremos blanco sal
y la carne en sol rosado.

Un deleite de mis ojos,
alimento a mis angustias,
un capricho a mis antojos.

Un racimo de canela,
uvas del mejor calibre
con que macerar mis penaS.

SONETO CASUAL INEXACTO

La casualidad demostraré que existe,
una palabra tras otra palabra,
colocadas con acierto y con un abracadabra,
alguna rima sencilla y juguemos al despiste.

Ya vamos bien de momento,
sigamos poniendo letras,
juguemos a ser estetas,
disimulemos talento.

La tercera estrofa, terceto,
el segundo verso suelto
y al tercero ni me inquieto.

Este sí debe rimar,
en el siguiente digo un verbo;
por ejemplo, imaginaR…

Tu mirada y tu luz

¿Puede surgir de la nada el todo?
¿Puede aparecer tu luz en mi oscurecida?
¿Puede romper a reír un niño
cuando revienta a llorar?
Puede,
pero...
¿Cabe una lágrima tuya en mi océano de alegría?
¿Cabe tu dolor en mi piel sana?
¿Cabe tu soledad en mi entendimiento?
Imposible,
pero...
¿Puede ser tu mirada
en mi mirada un universo?
¿Puedo decirte «te amo»
en un minuto en forma de verso?
Tal vez,
pero...
¿Seré capaz de alinear en curva recta
un puede,
un imposible
y un tal vez?
Es imposible, aunque puede que tal vez, pero
es imposible, aunque puede que tal vez, pero
todo es posiblE…

TE VI, CRÉEME

Ayer te vi, vida.
Estabas como siempre,
a lo tuyo,
despistada.
Te columpiabas en mis pies dormidos
con mis rodillas cruzadas.
Creo que tú no me viste;
con una mano rizabas tus rizos
y con la otra sostenías un cuento.
Hoy he vuelto a verte, vida.
Revoloteabas en mi pecho.
Créeme, te he visto hoy como ayer,
tú a mí no.
Quizá porque hoy, como ayer,
aún no hayas nacidO.

A Cipriano Algor

Te conozco bien,
te supe solo con verte una vez,
te acompañé, me acompañaste,
me acompañarás siempre.
Quise avisarte, prevenirte, pero tus manos ya lo sabían,
tus manos lo conocen todo,
tus ojos miran por ellas,
con ellas tu corazón siente
el mínimo mundo de tu existencia,
acontecimientos resumidos
de la superficialidad humana.
Caballero de escuetas palabras, de simples razones,
paradigma de tupidas emociones,
Dios de la inocencia, Cristo honrado,
en tus pasos, en tu pena y tu alegría
esculpiste mis sentidos
y me llamaste EncontradO.

YA PUEDES APAGAR LA LUZ

Un
«yo a ti también»
fue lo que inventó su mente
para que su voz lo fabricase.

Las nubes
desnudaron al sol,
las flores
sudaron su aroma,
la fe
apareció entre sus manos
en forma de otras manos.

Hace años
debí pasar cerca de tu casa;
perdona, pero no te sabía,
no tuve la suficiente intuición.
Me hubiese encantado saberte,
pero mi conocimiento y mi imaginación…
Era casi un niño.
Ojalá, te digo.

Ojalá —dijo ella—
hubiese encendido mi luz toda la noche,
todas las noches,
todos los años,

toda mi vida.
¿Dormimos?
Durmamos.
Ya puedes apagar la luZ.

ANÁLISIS

Lo que nos queda de vida,
pálida tormenta de ilusiones,
nuestros pasos alejándose de nuestro propio camino,
verticalidad de la preocupación,
alinear en vértices concéntricos
el esfuerzo, la ilusión y la nostalgia,
todo dentro de un círculo imperfecto,
lo que llevamos de vidA.

Tu ausencia

85

Me tengo prohibida tu ausencia,
la vida está prohibida por ley.
¿Podrida he dicho?
Pues eso,
me tiene podrido tu ausenciA.

LA CIUDAD DEL SINSENTIDO

Una pregunta eterna,
permanente duda,
abstracción de la empatía,
ingobernable agonía.

Oídos hechos papilla,
ojos desleídos,
pasos a ningún sitio,
decadencia, decadencia.

Palabras sin sentido,
ausencia de lo obvio,
frases desfrasadas,
vidas retorcidas en el vacío.

Pensamientos vuelan libres
sobre la ciudad del sinsentido
mientras en las cloacas
las ratas buscan coléricas
el último sentimiento huido,
ojos inyectados en sangre negra.

En salones fastuosos
los céntimos corren abnegados
de un concepto a otro,

los números se cuentan por colores,
los colores se cuentan por salones,
los salones se cuentan por pobrezas,
por las pobrezas crecen los salones,
por la suma de números de colores
ganan belleza y los otros colores
ganan pobreza y torpeza.

Los virtuosos pensamientos duermen en los salones,
la peste crece con la noche,
las palabras no dichas duermen de la pena,
y las que fueron dichas bailan su riqueza,
solo las entiende quien las dice,
siembra yerma, cosecha de incongruencia,
eufemismos, aforismos,
la desolación del ciudadano diminuto.

Se escuchan varias voces en el corazón
de la ciudad sin nombre, que es la tuya, la mía.
Ruego por mí,
que soy pecador,
que ni extermino las ratas
ni protejo al último sentimiento huido
de esta, la tuya, la mía, cualquiera que sea,
la ciudad del sinsentidO.

*Dedicado con todo mi cariño a esas ratas que desde los salones
donde duermen los virtuosos pensamientos son incapaces de
capturar al último sentimiento huido porque la vista solo les
alcanza a ver colores.*

Y EL EGO LE SACÓ LOS OJOS A LA DIGNIDAD

Tuve un hijo,
tuve varios,
tuve tantos sueños como hijos
y a alguno lo prostituí,
y no hablo de los sueños.

A uno de los menos queridos
—no conseguí quererlos a todos igual nunca—
lo presenté por desidia a una competición absurda,
premio simbólico al mejor
y trofeo para todos.
Nadie pierde,
menuda competición sin competencia.

Detractor de la roída frase
«lo importante es participar»,
me la comí
e hice que mi hijo la engullese.

Como a todos los demás niños,
elongación ególatra de sus padres,
al mío también le comunicaron su éxito
por su «originalidad y talento».
Publicidad como premio

junto al resto de alter egos,
todos simples, todos niños,
pero sin «originalidad» ni «talento».
Válgame Dios, nada más ni mucho menos.

¿Mi hijo más común tan alejado de la virtud?
Paseando nuestro nombre
alentando mi más que dudoso ingenio.

Pues sea lo que tenga que ser,
que mi sangre fluye en su cuerpo,
que es mi hijo, es obra mía,
que me culpo de su vida.

Y acepté gustoso el premio,
contrariado, pero sin humildad,
mientras a escondidas,
en una habitación de casa,
bajo la mesa donde duermen
mis otros hijos mayores
esperando a que lleguen otros nuevos hijos,
mi ego, entre muecas y sudando vanidad,
le saca los ojos a mi dignidad.
Ojalá no hagan ruidO.

Dedicado a esos textos míos a los que he presentado a concurso...

ALGO PARECIDO AL ODIO

Caras arrugadas,
puros que se arrugan
en las bocas de las
caras arrugadas.

Mentes de silicona,
ideas que se pudren
sin sinapsis en las
mentes de silicona.

Puños de ceniza levantados,
manos que se cierran
llenas de locura, convertidas en
puños de ceniza levantados.

Oídos que se esconden del sonido,
del sonido del amor,
del sonido de un llanto de niño,
del sonido de un abrazo,
del sonido de otros oídos,
del sonido y del dolor
de millones de gemidos
que, cansados del silencio,
se corrompen con el resto de sentidos
y se pudren en un impulso
del humano más impropio,
algo parecido al odiO.

Felicidades, George (en concreto Bush).

Feliz primavera

Una ventana imposible de cerrar,
bisagras de azúcar solidificada,
cristales de cristales preciosos de precio impredecible.
De aquel lado, el del mundo, tú.
De este lado,
la nada.
Si tú estás allí, solo tu aroma
y la sospecha de ti al otro lado,
paisaje de primavera y otoño,
alternancia permanente
allende el marco.
En este otro mundo diminuto,
si desde aquí te veo,
decoración de verano e invierno,
cíclico torbellino de cambios,
un ser abnegado e inerte,
sin voluntad ni capacidad de nada, yo.
Si tú no estás aquí,
demonio, hojarasca, parodia de mí,
sucedáneo de lo que seré contigo,
a tu lado, dentro tuyo.
Tu aroma, pese a no estar acompañado de ti,
suaviza los rigores de las temperaturas extremas,
ese torbellino de frío y calor,
inclemencias del tiempo
que no llegan. ¿De dónde? Del calendario.

Estaciones de cuatro meses quiero.
¡Feliz primavera, amor mío!
—El mes que viene preferiré cinco meses—.
Y la ventana es imposible de cerraR.

SER PERSONA ES SER HUMANO

En uso de la palabra humano,
aplicación de un estilo,
no una condición,
no un dato.

Aplicación de este concepto,
un mito,
no un rasgo esencial,
no algo innato.

«Sé persona —me dijiste—.
Semilla plantada en mis lomas.
Sé persona al ser humano».
¿Soy persona?, me pregunto.
¿Ser persona es ser humano?
Si a la vileza renuncio,
si renuncio a mí y digo
que no soy persona,
¿soy humano?
No soy tan puro,
querido amigO.

ÁNGEL LA LIMPIADORA

Una piel de medio pelo,
medio cabello de rizos,
vello tenue en su sonrisa,
voz quebrada, medio cuello.

Pubis ciego de caricias,
piel sensible de entrecejo,
columna erguida, ¿impudicia?,
caramelos, baratijas.

Gemelos rojos de roce,
muslos tersos, duros bíceps,
carmín y tul, malos roles,
gusanitos, golosinas.

Voces callan cuando llegas,
murmullo es tu cola de seda,
miradas rotas tu encaje,
abanicos, finas yerbas.

Ya no te quedan mejillas,
ya no sufres, ya no velas,
ya no te escondes de nadie,
bragas de algodón resecas.

Solo te queda un camino,
celda de cojines rosa,
papel pintado en tu vida,
bisturí y mucha vergüenzA.

YA ME RECUERDO

Si cierro los ojos y creo
que los tuyos me están viendo
con tu mirada en mi cuerpo,
¿quién soy yo? No me recuerdo.

Si mi boca tuerzo en beso
y al torcer giro y te encuentro,
¿que quién soy?
Ya me recuerdO.

SOLES, DADLE

En un rincón oscuro,
un niño se cree capaz de todo
y todo lo que tiene es soledad
de pensamiento,
ausencia total de sí mismo.
Soles, dadle luz a su miedo.
Miedo, dale vida a su aliento.
Cordura, quítale hierro al encierro.
Encierro, date muerte,
hazle saltar, aunque sea
en soledaD.

Quiero poner el reloj en hora

Hacinados razón y amor,
tumulto de ansias desprendidas,
todo pendiente de un momento,
vida que pasa y rueda
delante de mí,
vida desvivida,
cúmulo de ilusiones caóticas.
Que cese esta subida en barrena hacia el cielo,
que yo ya he llegado,
fin del trayecto.
Quiero ser yo quien ponga el reloj en hora,
no quiero ser la manecilla
que en el reloj de la vida
marque las horas.
Quiero, si cabe, ser hora
y esperar a que sea en punto
para vivir la vida
como debe ser,
como siempre he hecho,
como tú me enseñas,
a destiempO…

DIVINO TESORO

Tu boca dice beso,
el beso que te beso
te ve sobre mi cuerpo.
La misma piel que te envuelven
mis manos, piel de tu carne,
aliento, sudor, consuelo.
Me guardo tu silencio,
de tu cuerpo sale un grito,
estuve solo en tus senos.
Es tu beso,
es el beso que te beso,
es tu boca, que es tu cuerpo,
que es el nuestro.
Mi resto duerme en tu cuerpo,
nace mi piel de tu boca,
nace vida de tu cuerpo,
toma el beso que te beso,
crece la piel que te toca.
En mis manos,
un deseO.

Poema de amor extraño

Fin.
Y colorín colorado,
ya no se les ve ni el rastro.
Por una ruidosa calle atestada de gente regresan;
él su mano en su cintura,
ella la mano en su hombro.
Solos y en silencio se miran.
«Me quieres, lo sé».
«Tú a mí también», dice el otro.
«Salgamos a casa,
ayer volveré a verte».
Érase una vez poema de amor extraño.

Extraño amor de poema,
de amor extraño poema,
extraño poema de amor,
me extraño sin ver amor en un poema.
El amor nunca es extraño,
casi siempre sí un poema,
y un poema nunca extraño,
incomprensible tal vez
como este final tan vago.
«Ya no sé ni lo que hago».
«Lo que escribo», quise poneR…

NIÑO QUE LLORA EN SU PUERTA

¿Cómo poder explicarlo todo,
salir de mí por un momento
y vernos,
torpes y contradictorios,
en defensa de posturas incómodas,
perdiendo de vista
las semillas, nuestra propia «a»
golpeando, razón en ristre,
nuestra propia felicidad contra un
no sé qué
que no se sabe cómo,
ni recordamos el cuándo,
ni aseguramos el quién?
¿Cómo poder explicar
cómo un niño caprichoso
llora en la puerta de una casa perdida
de un callejón perdido
de una ciudad perdida
que se encuentra
en un corazón sin sangre,
ni agua,
ni color,
ni calor,
que no vuelve a tener vida
hasta que el niño deja de llorar
o la puerta, que es la de su casa,
vuelve a abrirse,
normalmente solA?

YA QUINCE 3 DE DICIEMBRE DESDE AQUEL

Flota tuyo un escozor,
contracciones de un abismo
de palabras, muchas palabras,
palabras tuyas.

Una idea, un espejismo.
Busco en mis sentidos y encuentro
palabras, muchas palabras,
palabras tuyas.

Tela de araña tu mente,
diminutos tus gemidos
de palabras, muchas palabras,
palabras tuyas.

Honestidad, ideales,
orgullo puro
desde palabras, muchas palabras,
palabras tuyas.

Y números en tu cabeza,
ingeniería tu raciocinio
cuando palabras, muchas palabras,
palabras tuyas.

Y buscando yo las mías,
escarbando en mi tumulto adivino
palabras, muchas palabras,
palabras tuyas.

Que quiero escuchar tu voz,
que quiero leer tu silencio,
que quiero saber más de ti,
que quiero explicarte mi vida,
que quiero preguntarte cosas,
que quiero imaginarte vivo,
y para eso solo me quedan
las palabras, muchas palabras,
palabras mías,
o quizá, también tuyaS.

El niño que fuimos se reiría de nosotros

Un niño ríe en el desierto
al ver reflejado en el agua mágica
de un oasis mágico
al hombre que será,
llorando
mientras recuerda la felicidad
que sintió
siendo un niño,
y reír
y no llorar
por aquello tan absurdo
que no tenía sentido
ni remedio;
aquello
que de niño
le hacía reír e ilusionarse
y de hombre,
llorar y tener miedo;
aquello tan absurdo
que no tenía sentido
ni remedio,
el tiempO.

Escribiré

Escribiré
mientras no termine nunca de entender
hasta el final cada
uno de mis tantos,
desordenados,
alborotados,
inconcretos,
inconexos pensamientos.
Mientras no entienda uno,
escribiré de los que entiendo.
O sea, nunca
(quiero decir siempre)
escribirÉ.

Su piel no es como otras

Su piel no es como otras,
el paraíso se posa sobre ella,
cada día
se pone de manto sobre su cuerpo,
se viste su cuerpo con ella de ropa.

Es que su piel no es como otras,
habla al oído,
sufre en la sombra,
grita incluso, vive, sueña, rememora,
quiere por su cuenta, adora.

Digo que su piel no es como otras
porque viene de otros mundos,
piensa, intuye, me enloquece, me apasiona,
es placenta de mi orgullo,
es mi sola pasión,
la manta para mi frío,
de mis torpes pasos alfombra.

Repito que su piel no es como otras,
es un vestido de rosaS.

EN UN PEQUEÑO RINCÓN

Un día tuve un sueño,
era ver sus pasos
caminando por delante de los míos,
distancia prudencial,
prudentes y despistados pasos.

El sueño nos colocó en un escenario,
corriente helada de frío en nuestra cara,
edificios, los más bonitos,
cielo azul, el más celeste,
una mañana, cerca un río,
solos entre miles de desconocidos.
Ella era desconocida en mi sueño,
y la ciudad y los edificios
y el río y el cielo,
pero en un pequeño rincón
un poco de nieve acumulada
me contestó a las preguntas que no me hice.

Conocí el nombre de la ciudad,
vi los edificios,
el frío y el azul del cielo bañaron mi cara
y supe que tú eras esa mujer
que un día soñé
y cuyos pasos
caminaban por delante de los míos

a una distancia prudencial,
prudentes y despistados,
al pasar junto a un pequeño rincón
con un poco de nieve acumuladA.

AQUELLA NIÑA

Algo pasa allá en el cielo,
en el cielo de la tierra,
no en el cielo que no vemos.
Algo pasa,
las nubes cantan,
los pájaros bailan vestidos de algodón,
son casi nubes.
El viento agita desde lo alto,
como quien sopla una mota de polvo,
las hojas de los árboles
que se han puesto de colores,
que se han convertido en flores.

Algo pasa allí, a lo lejos,
pero se nota en mi casa,
hasta lo siento en mi cuerpo.
Algo ocurre muy muy grande,
la ilusión rompe mi pecho,
las esquinas de mi mente se redondean,
los rincones de mi huerto florecen,
los cajones se llenan de caramelos,
una niña regordeta cumple años,
los suficientes para no ser regordeta,
pero no para dejar de ser niña,
y tantos que por no haberlos vivido
me lamento.

¿Dónde estaban tus manos todo este tiempo?
¿Dónde tu voz?
¿Dónde tu risa?
¿Dónde tu aliento?
¿Cómo habré podido vivir
sin respirar contigo
todo este tiempo?

Aquella niña regordeta y rechoncha,
mi primavera,
que ahora es mi niña mujer,
mi vida entera,
que cumple hoy treinta años
y vive caminando en todos mis jardines
como solo ella sabe,
a su manerA.

COMO SI FUERA YO

Como si fuera yo
la parte más pequeña de ese cuerpo que nos duela.
Como si fueras tú
la culpa capital de mi existencia.
Como si de trozos diminutos
yo me haga y me deshaga,
yo me diga y me desdiga,
tú me dieras, tú me das y no me quitas.
Como cuenco poliforme de mi vida,
solo azúcar de rosa, tu salud
me resucitA.

MI PALÍNDROMO

Eres,
y siempre tengo la misma certeza,
como ese olor de las mañanas antes de abrir los ojos,
ese aroma a café nuevo,
no de cafetera nueva, no,
tampoco de recipiente viejo.
Sabes como huele ese café que nunca se ve cociendo.

Seré,
y vive Dios que seré,
ese calor que se busca, ya en verano o en invierno,
no el calor que da una manta,
no el que da un dulce brasero.
Es un calor combustible, compuesto de paz y sueño.

Eres
a todas horas del día
del sabor de eso que recuerdo.
Llevas contigo esa carga de emoción
de lo que puede pasar en tu boca
y amanece dentro mío cuando intuyo que galopas.

Seré
todos los días del mes, en los meses que tú vivas,
un resguardo transparente donde te escondas del frío,
arropada con mis rimas
y embadurnada en deseO.

Poema sobre tu cuerpo

Viste cantos desnudos tras las cimas de tus alas,
viste cuerpos rodando por laderas de montañas,
pruebas todo lo que pruebas con la fe de una pagana,
trotas por los caminillos entre lágrimas y palmas.

Vives viendo amaneceres en las tardes más nubladas,
se te nublan los sentidos ante mares de marañas,
das a voces tus amores, del cariño haces batallas,
difuminas las tristezas con la fuerza de tu calma.

Eres huerto de semillas de las flores más preciadas,
de cárcel haces mis días con barrotes de almohadas,
me concedes solo tú el descanso a las entrañas,
me destrozas los grilletes con los que se atan mis ganas.

Asiendo tu cuerpo en mi pecho,
de mi cuerpo brotan cuerpos
como el tuyo, como el mío,
como un cuerpo siendo el nuestro.
Mientras cubro tus encantos, poetizo sobre un sueño;
de pluma tomo tu pelo, de tinta sirven tus besos
y con cada gesto tuyo los poemas van surgiendo.
La sorpresa en nuestras caras,
la necesidad de vernos,
la pasión de tus palabras,
los nervios que hay en mis cartas,

la impaciencia, los deseos,
la miseria de un esfuerzo,
la añoranza de nosotros,
la tensión de un desconsuelo,
la inocencia de querernos,
de cuidarnos nuestro empleo,
la incoherencia de estar tristes,
que también es insolenciA.

*Todo esto es lo que escribe mi cabeza mientras mi cuerpo cae desnudo
desde tus montes a tus caderas.*

YO, LIENZO

De las peores cosas conocidas,
de esas cosas feas que se pueden decir,
de las atrocidades que se puede llegar a pensar,
de todas estaba ella completamente vacía.

Con la amabilidad que solo ella dibuja en sus palabras,
dibujó y dibuja la parte de lienzo
que me queda en blanco.
Mi intención, y mi único papel en esta función,
es tratar de que nunca le falten colores
a esa paleta donde ella,
con ese desorden tan maravilloso,
coloca las esencias que formarán su obra.

Y que cambie mi tono de voz,
que mis palabras de amor se cambien,
que incluso mi aspecto se altere
y que se altere mi norte
no significa otra cosa, pintora,
que mi conciencia se pierde

por las mejores cosas conocidas,
por esas cosas bonitas que se pueden decir,
por esas maravillas que se pueden llega a pensar,
porque de todas estás completamente llena

y me llenas con tus trazos
en la parte de lienzo que me quedaba en blancO.

El parto del Respeto

Con una suave sacudida de sus cabezas,
con la misma sutileza de un saludo en plena iglesia,
con mucha más alegría, pero menos apariencias,
así fue aquel saludo en primavera.

Sus ojos, los de ambos,
parecían haberse estado buscando toda la vida,
ataviados con una estrábica falta de virtud.

Sus miradas, pasajeras de esos barcos,
zarparon sin soltar amarras,
arrancando tras de sí todo lo débil del puerto.

Sus mejillas, sonrojadas,
palpitaron cuerpo adentro,
implosiones de sus pulsos, asincrónicos jadeos.

Sus voces, entrecortadas,
disonaron en silencio.
Ora me toca callar, ora callas tú mi verbo.

Sus manos, epiléptico instrumento,
desdibujaron sus torsos de insatisfechos senderos,
ausencia de voluntad,
de destino sedientos.

Sus piernas,
imposibles plataformas,
olvidados pedestales,
inservibles herramientas
en esta intrépida orquesta de ruidos sin concierto.

Sus bocas, invitadas a otros bailes,
paseando por los vidrios y por filtros vegetales,
esperaban a la puerta de la fiesta de las artes
hablando con otras bocas, excusándose ante ellas
y jurándose a sí mismas nunca más quedarse fuera.

Sus cuerpos enteros, los de ambos pienso yo,
pudieron por fin pasar al interior.
La escapada de la trivialidad
fue más fácil de lo esperado.
Manchados aún con briznas
de hipocresía y mediocridad,
comenzaron a bailar
con sacudidas conscientes de morales destiladas.
Henchidos totalmente de ellos
y sobresaturados de nada,
se prometieron constancia, vinculación y paciencia.
Luego parieron su amor y le pusieron RespetO.

Motivos

Para que mi sueño,
que mi hambre,
que mi luz,
que mi agonía,
que todo lo guardes en ti,
que me surtas de ti mismA.

El amor según Antonio

Colmas viva mi atención,
sacias nueva mi virtud,
luchas vientre en mi dolor,
comes flores de jazmín.

Lindas hielo con sudor,
vendes risas de perfil,
gritas voces de calor,
sanas cantos de morir.

Prendes mechas de ilusión,
matas duelos de temor,
ríes cielos con tu amor,
velas siendo por viviR.

Machado, claro está.

MI PATIO, TÚ Y TU YO

Ya está, le he dado a la ciudad
con la puerta en las narices
y me invito a tomar un trozo de paz
donde nadie me pida un poco.
Cuelgo el disfraz de mentirme y me visto de verdad.
Desnudo, descuelgo la caja de herramientas
del globo donde vive.
La abro…
Tomo unos dedos que huelen a tensión,
unos ojos cerrados de cansancio,
un tintito peleón, unas aceitunas rancias,
les hago un bypass a mis ideas con un cigarrito rubio
y me siento delante de mi indolente amigo
a contarle mis razones.

¿Seré capaz de seguir inventando?
Nunca me respondo, soy tonto muchas veces.
Intento ordenar esas ideas
que me han asaltado desde que sonó el despertador.
Las grises…
El hombre que muere en la cama de su amante
mientras su novia elige traje de boda,
la mujer que atropella a la misma chica
con la que su hijo acaba de comprometerse,
la prostituta que masturba a su propio hijo
en un cine X sin saberlo.

Las celestes…
El niño que previene a una mujer
de un accidente y se casa de mayor con su hija,
el pueblo donde prohíben besar a los criminales
y deciden todos delinquir y besarse,
la conversación entre dos piedras
que se compadecen de los hombres.
Y solo es lo que he podido recordar ahora.
Y pienso que estoy perdiendo el tiempo,
trivializando mi vida.
Me vengo arriba, muy alto; me digo al oído:
«Pero hombre, escribe, cuenta todo eso, sácalo».
Entonces me siento aquí y decido dejarme llevar…
¿Cuándo me vas a enseñar
otra vez ese jardín, amor mío?
Ayer estuve esperándote donde siempre,
en la puerta de los de enfrente,
donde hay dos perros ladrando siempre, ¿recuerdas?
Sí, esos que te ponen tan nerviosa,
los que yo adoro porque te arrojan a mis brazos,
esos que babean cuando te acercas
y que me gruñen como celosos.
Allí estuve, esperándote,
y mientras lo hacía pensé en escribirte unas letrillas
como siempre, pero esta vez en serio,
nada de rimas fáciles, nada de comparaciones sencillas.
Quise escribirte como un hombre, ya ves tú.
Buscando un tema, encontré
el jardín ese que me enseñaste un día.

¿Que no lo recuerdas? Te cuento:
es ese que está en el patio de mi casa, ese pequeñito,
el que está detrás de una puerta oxidada,
donde yo siempre pensé
que no había más que chatarra.
Te empeñaste, como siempre,
en entrar allí y no me pude negar…
Entonces apartamos la puerta
entre los dos, con mucho esfuerzo.
Entramos de puntillas, con mucho cuidado,
me diste un pisotón y te asustaste
pensando que me dolía.
Te prometí que no era así y no te mentí.
Apartamos unas cuantas ramas secas malolientes
que caían de un árbol y lo vimos.
Era como si nunca hubiésemos presenciado algo igual,
eran flores y plantas normales,
eran incluso habituales en nuestras retinas.
Ambos nos miramos y parecía
que nos mirásemos a nosotros mismos.
Nos cogimos de la mano
y echamos a correr hasta el centro,
con cuidado, pero poco.
Nos abrazamos y nos miramos
como queriendo decir muchas cosas sin palabras…
Allí estuvimos horas, mucho tiempo,
tumbados, sentados, bailando…
Tú te levantabas, olías una flor y me hacías un gesto;
yo iba a tu lado y la olíamos juntos.

Yo te contaba historias inventadas sobre plantas
y tú parecías saberlas todas,
era como si conocieses los rincones de mi mente.
Permanecíamos callados
y rompíamos el silencio a la vez con la misma palabra.
Nos abrazábamos de nuevo riéndonos…
Entonces me prometí a mí mismo
una cosa que te confieso ahora:
estemos donde estemos, quiero que estemos juntos.
Y allá donde vayamos pienso llevarme ese jardín
que solo tú me has enseñado
y estaba en el patio de mi casA.

SABOR A TI

ITAROBAS me está mirando desde el espejo.
SITAROBA cada soplo de aire él me lo roba.
SAITAROB cuando desaparece viene su olor.
SABITARO más veces bebo, más sed me hago.
SABOITAR cuando escucha su nombre rompe a sudar.
SABORITA a la luz de una vela la luz me quita.
SABORAIT vibra, tiembla, resuena, luego palpita.
SABORATI es tu esencia, cariño, agua bendita.
SABOR A TI…

CONFESIONES

Voy cayendo entre tus brazos lentamente,
con herida de muerte en mi cordura,
asestada sin piedad desde tus ojos
que me queman, que me hacen hendidura.

Me resuena esa voz desde tu cuerpo,
me desnudas el alma en pleno otoño,
es la guerra de ser bola de nieve
en tus montes cuando viene el mes de agosto.

Una risa a mí me dice, vida mía,
que la paz se me acerca poco a poco,
que se asoma esa parte de tu alma
que los perros alimenta que me guardan.

El domingo de mi suerte se repite
si tu rostro se me nubla en la mirada,
un tormento de tristeza y de la pena
de borrar tanta luz que hay en tu cara.

La culebra venenosa me recorre,
esa misma que desgasta mis sentidos,
esa misma a la que temen nuestros besos,
la que adoran los secretos de mi vida.

Se me muere, como digo, esa serpiente
si tus manos se te juntan con las mías,
si tus labios con los míos se pelean,
si tu vientre con el mío se me teje.

Y la puerta se me abre con tu brisa,
con tu brisa de mañana soleada,
con tu viento de huracán desenfrenado
del tifón que me viene de tu aliento.

Uno, dos, tres, cuatro, cinco,
pero miles, son los dedos de la mano que me faltan
para contar los motivos, las razones
del dolor que tus tristezas me levantan.

Que si duelen mis caricias en tu cuerpo,
que si escuecen mis palabras en tu alma,
que si sufres con mis tercas reflexiones,
que si quiero malqueriendo en mis palabras.

La verdad de mis entrañas la conoces,
la inocencia de mis versos son rencores
que me tengo yo a mí mismo, vida mía,
por haber tomado el sol en otros soles.

Una vez mi luz se fue apagando suavemente,
la comedia de mi vida se acababa,
hubo un grito de arrogancia y rebeldía
y de nuevo los actores a las tablas.

Que la vida yo la tomo como un premio,
un regalo que nos dan cuando nacemos.
Si se muere y se renace, pongo un precio
que no es vida, que eres tú, el mejor obsequio.

Mi temor tiene miedo de los tuyos,
el gris tono que mis actos nubes tiñen
se me torna en lluvia fresca, en aguacero,
con la dulce humedad de tu techumbrE.

A mi querido y oscuro amigo

Nunca te he dicho nada, amigo.
Nunca me he sentado a tu lado a escucharte.
Siempre sé que puedo contar contigo.
Siempre estás alerta, preparado.
Intuí tu presencia hace tiempo,
pero tu certeza tardó en llegar.
Cuando nos conocimos, un flechazo.
Jugábamos, nos veíamos, pensábamos en nosotros.
Surgió la amistad…
El tiempo ha ido pasando y lo nuestro va creciendo.
Tú me enseñas cosas de ti y yo te sigo sin dudar.
Me abres caminos desconocidos, me confiesas secretos,
te sinceras completamente conmigo.
Yo, que soy así, quiero llegar lejos contigo,
quiero entrar más adentro,
quiero saberlo todo y lucho por eso,
pero me cuesta trabajo.
La gente te da de lado, solo te quieren para «eso»,
y tienes tanto que dar…
Perteneces a una buena familia,
has crecido en un entorno ideal,
educado siempre en el respeto, en plena naturaleza,
rodeado de hermosos jardines, ¡los más bonitos!,
en una tierra de sueños.

Conocerte es tan divertido,
es tan agradable tu compañía,
que mucho antes de despedirnos ya te echo de menos.
Qué injusta es tu existencia, ¿verdad?
Qué cercano y que lejos a la vez
de tantas y tantas verbenas.
¿Qué le vamos a hacer?
Solo quiero decirte, amigo mío,
que mientras tú quieras
yo siempre te invitaré a todas mis fiestaS.

MÁS MOTIVOS

Y para que las noches,
que las tardes,
que las sombras,
que las iras,
que la paz,
que la desgana,
que tu ausencia,
que la mía,
¡qué caramba!,
que tu suerte,
que tu pena,
que mañana,
melodíaS…

PODRÍA, PERO NO PUEDO

Podría escribir sobre tu mirada,
de cómo duerme mirando al vacío, lánguida y pueril,
de cómo despierta cabalgando
sobre un caballo de fuego.

Podría escribir sobre tu piel,
esa secuestradora de mis caricias,
cautivas mis manos de tu tacto, de voluntad vacías.

Podría escribir sobre tu aliento,
incienso de mis desvelos,
calor natural tu aliento,
brisa de mar, alimento.

Podría escribir sobre tu magia,
de cómo adornas las cosas,
de cómo iluminas las noches,
mañanas olor a rosas.

Podría escribir sobre tus besos,
son pellizcos misioneros,
ladrones de mis deseos,
de indigentes besos frescos,
de tus besos en mis besos.

Podría escribir sobre mis sueños,
repletos de ti hace tiempo,
de tu sonrisa repletos.

Podría seguir escribiendo sobre tus momentos;
ya en prosa, ya en verso,
no alcanzo a describir los requiebros de tu cuerpo.

Podría escribir sobre tu ausencia,
desiertos en un glaciar,
la ansiedad, el nerviosismo, la ilusión, el merodeo.

Podría escribir sobre la locura,
la locura de quererte,
de querer estar contigo y de vista no perderte.

Podría escribir sobre ti
y, por mucho que lo pienso,
no soy yo el que esto engendro.
Es tu forma de quererme, es tu voz, tus cuchicheos
que resuenan en mi pecho y se inventan estos versos.
Una vida yo estaría dedicado al lenguajeo,
una vida con sus noches y los días de esa vida.
Y por más que lo intentase,
cuantos más versos tejiera,
una vida de mil versos
inservibles versos fueran.

Que no quiero que no sepas que si quiero es con locura,
que mi vida es ya la tuya,
que tu cuerpo es mi pradera,
donde pasto, donde río, donde duermo…
¡Lo que quieras!

Podría escribir sobre el miedo,
el miedo de no querernos
y de olvidarnos el miedo,
del miedo de tener miedo.

Podría escribir sobre tu arte,
el arte que de querer tienes,
de tu alegría el talento.

Podría escribir sobre tu amor,
de cómo sana tu amor,
de cómo cura un «te quiero».

Podría escribir sobre mis sentimientos
y de nuevo, vida mía, ante el fracaso me encuentro.
Las palabras, eso son, letras puestas donde quiero.
¿Es capricho o es virtud, o de hacer arte un intento?
Ni el artista con más arte puede hacer lo que yo anhelo,
describir lo que yo intento,
una larga lista en blanco de momentos a que espero.
Son viajes, son detalles, son cientos de miles de cuentos
los que tú me evocas, vida, cada día cuando pienso.

Podría escribir sobre cómo pienso en ti,
pienso en ti como algo nuevo,
algo familiarmente muy nuevo,
como en agua cristalina,
como en un cómodo asiento,
como en el trigo más limpio,
como en el más dulce sueño,
como en la pureza del alma,
del alma que hay en tu cuerpo,
el alma más abundante
que mis versos describieron.

Podría escribir también sobre el sabor de tu cuerpo,
tus olores, tus pasiones, tus cariños, tus consejos,
la sed que tengo de ti, mis ganas de ser consuelo,
de tus momentos de paz, ser la funda de tus sueños,
ser la manta de tus piernas, de tu vientre, de tus senos,
de tus brazos ser la piel, pañuelo para tu cuello.
Solo quiero estar en ti como tú estar aquí dentro.
El manantial de mis versos se llena con tus deseos.
Y pese a todo, no puedO.

HISTORIA DE UNA PALABRA

Ocho ramas de un árbol tenían miedo.
«Tomemos una medida, solucionemos.
Hagamos una cosa —dijo la madre—,
pongámonos un nombre, luego veremos.
Hagamos otra cosa, seamos letras,
letras de una palabra que nos proteja».
«¿Y qué palabra elegimos?».
«Digamos letras, luego las mezclaremos
¡A ver qué queda!
Yo seré la i latina —dijo la madre—.
Como la i de hijo, pero sin hache».
«Yo seré la v simple —dijo una rama—.
La v de ver el sol por las mañanas».
«¿La tercera soy? Pido la c.
La c de nada, me tocó el tres».
«La r del rocío quiero ser yo»,
dijo otra al momento mirando el sol.
«La a de amor me apetece a mí,
pero hablad más bajo, quiero dormir».
«No sé cuál quiero, creo que la i.
Aunque esté repetida, quiero la i,
la i de inocencia, la de indulgencia,
no de intolerancia, no de insolencia».
«La o de orden quiero aportar»,
dijo la más recta sin respirar.
«Solo quedas tú, querido padre.

Solo queda tu letra y ver qué sale».
«Con las letras que dictan los sentimientos
hago mezclas mentales en pensamiento.
El viento me ha traído cientos de cuentos,
cuentos raros y bonitos, cuentos del tiempo.
La fuerza del cariño es como el viento,
arrulla la mente, nutre el talento,
talento que domina todo mi cuerpo,
talento que persigo como un poseso.
Por eso la t quiero, t de tormento,
tormento de que no pase jamás el tiempo».
«¿Y qué palabra queda, querido padre?
Aunque ya con tus frases firmas la gloria».
«Con mi letra y las vuestras,
queridos hijos, nunca más tendréis miedo:
queda VICTORIA».

AMARGURA DIFUNTA

Ven viniéndote a mis brazos.
Ven, invítame a tenerte cerca mío,
concentra entre mis dedos tus pasiones,
torna en cielo de alegría mi infierno oscuro,
oprime contra tu pecho la mente que esto te fía,
rompe el hielo que me cubre de puro frío,
imagina imaginando mil rincones,
ayúdame a encauzar todos mis ríos,
enamora como sabes mis latidos,
mancillemos juntos los muros de lo absurdo.
La culebra venenosa ya no duele,
de las tercas suavidades crecen flores,
la pasión de tu alegría es mi delirio,
victoriosa defunción de mi amargurA.

RECLUTA AL SOL

Tengo un sol dulce en mi pecho,
tan dulce como la miel
y más tierno que un «te quiero».
Es un sol de mediodía
en un parque siendo invierno,
pero también es de noche
y de tardes sin mañana…
Este sol es un reloj
sin agujas ni recelos,
que si me gusta alguna hora
él me la repite luego
¡y va y se me pone a bailar!
Si alguna vez frunzo el ceño,
en vez de quedarse quieto,
hace de mi bien su empeño.
Que si me pongo más triste
con su imagen me entretengo,
que si voy y pierdo el paso
se convierte en mi sargento.
A la voz de «ar, soldado»,
vista al frente, paso ligero,
hasta mis rayos recluta,
empuñando firme un beso,
y le sigo obsesionado,
ni pregunto, blando el beso
y le disparo a la boca,

entregado a sus deseos.
Este sol luce con fuerza,
en sus brazos yo me tuesto
y su luz me da riqueza,
la riqueza de ver mundos
que mis ojos nunca vieron.
Son los mundos de mi vida
los que tú iluminas, sol;
que, perdidos en mi cuerpo,
hoy retozan junto a ti
y ahora viven en mi pechO.

LAS FLORES MUEREN DE HUELGA

He oído por ahí un inquietante rumor.
No sé bien ni quién ni dónde fue,
pero se trata de algo sobre flores enfadadas.
Parece ser que están molestas
y quieren ponerse en huelga.
Resulta que no soportan no ser las cosas más bellas.
Les vinieron con la historia
de que hay algo más hermoso que ellas.
Entonces, estúpidas e inmaduras
como la madrastra del cuento,
han montado en cólera
y se niegan a mostrar su desnudez
sin ni tan siquiera verificar
la información que les atormenta.
Simplemente, han recogido todos sus pétalos
y han entrado en una pasividad fotosintética
que, de no terminar en breve,
puede acabar con sus vidas.
Nosotros, los árboles,
no tenemos nada que hacer al respecto;
nos limitamos a observar las cosas y
a hablar con las palabras que nadie más entiende.
Por eso no ofendemos a nadie
y por eso tampoco podemos adular.

Lo que sí es cierto es que las necesitamos;
su color y su aroma nos facilitan
la tarea de vivir sin contacto,
sin olores de otros cuerpos de árbol
ni frotarnos con otras cortezas.
Es necesario explicar sin más dilación ni más demora
que el motivo de su enfado no pertenece a la flora,
que es de la más pura fauna esa hembra encantadora.
Tiene pies y se traslada, aunque parezca que flota,
y se pone muy contenta cuando alguien ni la nota.
No se le puede pisar, no consiente que la rieguen,
nunca se pone de adorno, ella de adornos se cubre.
No es de colores fijos, ni oscuros ni claros tonos tiene,
ella cambia como el día, no como flores perennes.
No caduca su maldad, simplemente no la tiene.
Su bondad es su bastón, es su guía, la protege.
Hay que decirle a las flores, antes de que sea más tarde,
que la envidia que las mueve las llevará a la derrota,
que la empresa de esta huelga
solo tiene una VICTORIA.

¿QUIÉN AYUDA A DIOS?

Los días que Dios se despierta temprano,
costumbre a la que no suele acostumbrar,
él no tiene quien le ayude por hacerlo, en principio.
Suele siempre hacer las mismas cosas,
no sin antes juguetear con un bostezo.
Se asoma bajo su cama con colchón de nubes blancas,
se confunde entre las pelusas y sus legañas
y cuando se quita las últimas, frotando fuerte su cara,
se dispone a disfrutar de sus obras más preciadas.
Echa un ojo a las montañas,
moja un dedo en las cascadas,
se despeina con sus vientos
y se tumba en un desierto,
todo esto antes de ver su obra maestra.
Se asoma entonces a España,
al sur por ser más concreto
y para más señas, Málaga.
Entonces, si ve que duermes,
él también vuelve a la cama.
Los dichos son para nada:
lo que a Dios le ayuda a madrugar
es que tú estés levantadA.

PENSAMIENTOS

Anteayer
se detuvo a pensar
y decidió no haber pensado suficiente,
casi nada,
un desierto de ideas…

Ayer,
esta vez sin detenerse, no hizo otra cosa que pensar,
montañas de pensamientos…

Hoy,
agotada,
se ha parado a no pensar,
se encomendó a sus sentimientos,
un mar de sensaciones.

… el mar deshizo aquellas montañas
y empantanó aquel desiertO.

ELUCUBRACIONES

[Romanticismo ecléctico contra liberalismo desmedido]

No se puede negar del todo nunca nada,
ni disentir aun afirmando la entropía.

Más que terminar del todo las tareas
o empezar de nuevo muchas cosas,
mejor terminar empezando cada día.

Se debe dar un voto de esperanza
y saber que quien se niega se castiga.
Pues entonces
quien se afirma se libera.

Huyendo por sistema de la piara,
sin lugar a dudas,
se ingresa en ella.

No se trata de reconstruir castillos empezados,
es edificar nuevos palacios cada díA.

LA VULGARIDAD

145

Periódicamente súbita, febril,
si acaso fugaz,
pero siempre sórdida,
mente de personas pobres,
voces de personas sordas,
personas pobres de mente,
dementes cien comentarios
con intenciones decentes,
pero indecentes sumarios,
suma ríos de cien gentes,
de un pañuelo,
mil sudarioS.

PREPOSICIONES

A miles de cruces ha llegado mi viaje,
ante alguna encrucijada,
bajo noches sin dedales,
con ideas de ideales,
de imaginación tontunas,
desde grandes ventanales,
durante años tenaces,
en las caras de la envidia,
entre gritos, con desmanes.

Excepto esas charlas conmigo
hacia puntos similares,
hasta acuerdos de consenso
mediante pactos legales
para ponerme de nuevo
por montera la ilusión,
salvo en lugares vacíos,
según apretaba el sol.

Sin angustia, con paciencia,
sobre todos mis desvelos,
tras aquellas montañitas seguro estaba lo bellO.

EL CUENTO DE LA TOLERANCIA

[Me voy a contar un cuento.
Un cuento que, entero, solo habla de una palabra.
Una palabra sobre la que pienso y pienso.
Y tanto y tanto en ella pienso
que le dedico y me cuento este cuento,
este de la tolerancia,
este que ahora mismo empiezo…].

Érase, cómo no, una preciosa palabra,
una palabra que todo el mundo adoraba,
que todo el mundo se ponía por bandera,
con la que todo el mundo quería despertarse,
una palabra con la que toda la gente
quería hacer bailar sus lenguas,
pero que pocos explicaban a su razón,
aprovechándola solo para los sentidos inexactos.

Una palabra llena de muchas palabras más feas,
esas a las que pretende soportar
o, mejor, simplemente tolerar.
Pero el cuento habla de una,
una sola de esas palabras, esa llamada violencia,
la de razas, la económica, la de sexo o religión,
la de clases y esa tan antigua
que ahora la llaman «doméstica».
Esta misma me servirá de ejemplo,

qué curioso, la más indomesticable de todas,
intratable a mis tratados,
intragable a mis ayunos,
impronunciable a mi voz,
inaudible a mis oídos,
irresistible a mi coz.
¿A mi coz? Y a mi agresión más brutal,
a mi más duro castigo sin palabras, sí, con armas,
hasta con mis propias manos.
Estoy hablando de violencia,
de tolerar la violencia y de infligir yo un castigo,
de *beligerar,* en suma,
y aquí es donde está mi ombligo.
No se puede ser tolerante, es una enorme palabra,
quizá la palabra más grande.
Tolerante, no impasible,
no hilarante, tolerante.
No soy, pues, yo tolerante
por *intolerar* lo intolerable
y por decir sin tapujos
que este cuento que me cuento,
el cuento de la tolerancia,
me demuestra que la tolerancia en sí sola
ya es un cuentO.

ORGASMOS ACRÓSTICOS

149

Viene de nuevO esa brisa que mece mis cabellos.
Incluso siento abRirse los poros de mi piel.
Trato de respirar y no puedo, no tenGo aliento.
Oigo músicA en mi pecho, los tambores de tu cuerpo.
Ruido en movimiento, paSión, luego el silencio.
Impulsos, requiebros, teMblores, «me muero».
Toda tú dentro, muy dentrO, naciendo de nuevo.
Arrullo de mis sueños, regalo a mis deSeos…

INCONSCIENCIA, IMPACIENCIA, ESTUPOR, REFLEXIONES Y SIEMPRE ESTÁS

Inconsciencia en mis palabras,
impaciencia en mis hazañas,
estupor cuando las ganas,
reflexiones de tu alma.

Y más palabras de arrullo,
y más voces en tu calma,
y tu cara en mi cabeza,
y tu sonido a mi cara.

Siempre intentando tu risa,
siempre escrutando tus alas,
siempre buscando tu tacto,
siempre con la fe a la espalda.

Estás tumbada en las noches,
estás de pie en mis mañanas,
estás dormida en mi mente,
estás atada a las hadas.

Tú, corazón de tu cuerpo,
tú, de mi cuerpo cama,

tú, el cenit de una aurora,
tú me robas la conciencia dibujando mis palabraS.

... y después de todas las cosas y mucho antes de ellas, dentro, fuera, encima y debajo, allí donde sea, estás.

RETÓRICA TORPEZA

Tu boca suena cual verso
de la estrofa de tu cara;
y tu cuerpo entero, beso
que secuestra mis mañanas.

Qué bien me suenan tus rimas,
qué dulces son recitadas
desde el fondo de tu abismo,
metafórica herramienta
para decir yo tu alma.

Desde el fondo de lo hondo
te vas vistiendo pausada,
contemplando horrorizada
las flechas que se abalanzan
contra un nido de paciencia,
contra un mar de aguas calmadas,
contra un lindo caminillo
que yo tomé cuando andaba
por senderos agridulces,
lleno de huecos sin alma.
Y entonces, junto a mi beso
me coloco como un ciego,
compartiendo con tus ojos
la visión de lo más feo.

Impactado por mí mismo,
no se puede ser más necio,
no te salvo de las flechas,
mas en lanza me convierto.

Hablo tus mismas palabras,
admiro todos tus gestos,
pero no sé merecerme
ser quien rime con tu verso;
que finalmente, en resumen,
solo se trata de un beso,
no de simples palabritas
que busco mientras te encuentrO.

ENVIDIA DE NADA

Una dulce nebulosa tibia de verano
con la terca suavidad de una babosa
que se mueve sin moverse ante tus ojos
y a su rastro todo ensucia de venganza.

De vengarse de ese otro cuerpo tuyo
que ni tú ni yo tocamos y que espanta,
que envilece los encantos de tu vida
y destroza de ilusión tus buenas cartas.

Y te envidias a ti misma dentro tuyo,
por ser otra, a ti misma te devastas.
Tiene más fuerza la fe de no hacer nada
que la triste voluntad de ser malvada.

Si malvada por maligna es tu alegría,
si malditos son los gestos de tu cara,
si tu olor desde el infierno me reclama,
yo me muero por asarme en tus entrañas.

Esa dulce bruma inquieta nos asalta
y se viste con los celos de otras caras
que te miran con sus ojos, ¡con los suyos!,
y te ciegan, impidiendo ver tu estampA.

DEMAGOGIA

155

Aturdido, confuso, extrañado, perplejo,
frío y caliente a la vez,
pero sobre todo
retórico, redundante, ridículo, absurdo y recargado,
tanto como la propia descripción de sí mismo.

EL CASI CREADOR

De burdo ingenio,
observador compulsivo,
habilitando habilidades desaprendidas
entre el culto por lo bello y la pasión por lo especial,
agarrando fuerte las palabras y exprimiéndolas
hasta sacarles sentido,
enfrentándolas a sí mismas
hasta convertirlas en sus propios antónimos,
macerando sus oraciones con la mezcla
de seguridad fracasada e inseguridad exitosa,
con cariño, pero con demasiado aparejo,
buscando siempre muy lejos,
errática actitud,
que todo está cerca,
dentro.

INSPIRACIÓN

157

Leve brisa no invisible en la mañana,
dulce niebla transparente vespertina,
aguacero rutilante o torturador.
Si las musas se confunden con la luna
nunca duermen, bailan o persigueN.

DEL NARCISISMO A LA CREACIÓN, PASANDO O NO POR EL TALENTO

Orden, orden, orden,
la invención del sol naciente,
las dulces caricias trémulas,
las lágrimas del alma.
Orden, orden y vergüenza,
los pechos como sonrisas,
la isla de tu sexo.
Orden, orden, por favor,
o al menos cierto conciertO.

Lo curas

Para frentes de perfil
enfrentadas de soslayo,
dolencias dimanantes de mí,
excreciones de mí mismo,
aséptica y fisiológica, tú,
ofrenda del raciocinio,
obsolescencia en mi locura.
Con la piel de tus caricias
mercurocromo a mis rimaS.

DE SOLO SOLEDAD

Recogeré tembloroso las flores que te caigan
desprendidas de tu cuerpo,
cristales de semillas desgastadas,
con más cuidado que a mi propia vida.
Solo mis manos en tus flores.
Solo, solo esperando tu sonido.
Solo y muerto de miedo.
Solo en el eterno lapso de tiempo
desde tu última palabra a la siguiente.
Solo hasta recoger aquellas flores de tu cuerpo.
Solo,
solo queda tu voz.
Solo,
solo me queda tu oquedad
fría y tierna, caliente y dura.
Solo,
solo el principio y el fin,
solo tus flores, solo tus manos, solo tu cuerpo
y tu tacto y tu olor y tu cuerpo otra vez, solo.
Solamente tu soledad, que no la mía,
podrá ponerme ese nombre,
solo,
y también ese apellido,
soledaD.

EL MUNDO SE ESTÁ MURIENDO

De juventudes limpias está la tierra ausente,
cojera forzada en cuerpos nuevos,
tempestades de vulgaridad azotan el mundo.

Sueño aquellos tiempos de inocencia clara,
de pistolas de agua, de caprichos sinceros.

No resulta tarea fácil quererse en estos días,
cuando la mano es un medio para marcar tu teléfono
y la voz es al oído una frecuencia electrónica de ondas,
infrecuentes viajes al deseo.

Vivo ajeno, en mi ignorancia, al mundo entero;
pero oigo, veo y siento.
Mis ojos solo ven sueño,
mis oídos solo oyen truenos
y mis sentimientos,
esos que tanto me nublan,
duermen histerias, achican tormentas,
luchan por no caer enfermos
y quedarse sordos
y quedarse ciegoS.

DE NO SER YO

De no ser yo,
creo tener bien claro
quién ser querría.

Pieles y páginas en sucio,
letras que buscan sentido,
sentidos sin palabras que los luzcan.

De no ser yo,
y no poder volver a ser yo mismo
ni darme luz a mí, ni mejorarme,

quisiera ser más tú
de lo que fuiste,
quisiera ser más yo
de lo que he sido.

Preocupaciones secretas bajo palio,
tempestades de ilusión
bajo la cama.

De no ser tú, ni yo,
ni ejemplo mío,
quisiera ser tu sangre,
ser tu río.

Quisiera ser el punto que nos siga,
quisiera ser mi vida en tus caderas,
quisiera ser tu vida con mi lema.

Quisiera ser pintor de tu alegría
y que me robes cariño, que te sobre.
Si pudiera, que mis manos… Si pudiera.

El temblor de tu vientre,
el sudor de tus piernas,
el calor de tu frente.

De no ser yo, ni tú,
ni todo eso,
ser hijo tuyo.
Solo y totalmente eso,
ser hijo tuyo yo quisierA.

Nuestra creación

Es la creación,
la más grande, escrita con todas las letras minúsculas,
por encima de mares, montañas, seres vivos
y mecanismos biológicos
que hacen perdurar algunas especies.
Es la creación de nosotros cada día,
de lo nuestro, de lo tuyo, de lo mío,
la creación de nuestro mundo,
que empieza con su sucesión de cataclismos
cada día, con un «adiós»,
la hecatombe, la debacle,
nuestra ausencia.
Hay que reconstruir cada noche
con una mirada que haga de nuestra Pompeya amarga
el Babel del lenguaje de los mudos y las pieles,
el que a nosotros nos lleva a levantar cada día,
después de los seísmos, nuestro tesoro de vida,
nuestra pasión, la tierna locura
de nuestra maravillosa, dulce y soñolienta
creacióN.

MI DESTINO Y SU BELLEZA

En la punta de la yema de sus dedos,
trémula y salvaje, se escapaban en segundos de ir
la nostalgia de un sí
y la resonancia de un no.

Nunca se quiso tanto aquel niño
como cuando se sentía morir a la sombra de su sonrisa.
Nunca se odió tanto a sí mismo,
ni vergüenza se dio con tanto aplomo,
como cuando viejo, obligado a fabricarse de nuevo,
torpe, sigiloso, absurdo, tremendo botarate,
suspiró por ser pisado por los pies de su dolor,
suspiró por ser respirado por la boca de su antojo,
suspiró por suspirar cada momento de inconexión,
cada disturbio, cada desacuerdo,
cada oprobio, cada infamia inexistente,
cada todo.

En la punta de la yema de sus dedos,
en la parte más austral de su existencia,
en la zona más distal de su amor propio,
allí donde acaba el mundo y empieza ella,
en ese lugar recóndito,
duermen abrazados cuerpo a cuerpo
mi destino y su bellezA.

ALGUNA NOCHE

Alguna noche,
cuando el sol aprieta en mi memoria,
imagino de manera irreverente ser otra cosa,
algo diferente.

Empujado por mi propia felicidad,
doy un paseo por la tristeza,
salgo al balcón más inseguro de mi existencia
y sin ser dueño de mis actos, pero convencido,
salto.

Mientras caigo, la vida
me agita suavemente hasta girarme entero
hacia mí mismo.
Entonces me veo cayendo y observando.

En mi descenso, trato de conciliar alguna idea
lo suficientemente consistente
como para hacerme el camino más tranquilo.

Cuando ya te he conciliado,
con la certeza de ti entre mis brazos,
y me tienes
agarrado dulcemente por la cintura,

veo mi vida toda
con atención, en un segundo,
y hago un gesto con la boca, casi una mueca,
cuando mi cuerpo cae de nuevo junto al tuyo,
justo en el centro de mi pasado, mi presente
y mi futurO.

NOSTALGIA

Caerán las pieles
cual lava oscura incandescente repleta de tiempo.
Descenderán pliegues de alegría con ropas de amargura.
La memoria será una enemiga feroz.
Los recuerdos, aliados.
Los objetos: aquel papel, aquella blusa,
un rincón cualquiera.
Todo
envuelto en trémulas ráfagas de aire
con olores antiguos.

Las lágrimas, dedos invisibles de nostalgia;
la nostalgia, la lágrima eterna que mana incesante
por los poros de aquellos dedos que tocaron
el arpa de tu celeste luz
canciones que nadaron siempre en tus aguaS.

DE LAS PALABRAS, LOS VERSOS, LOS POEMAS

De las palabras, los versos, los poemas,
hasta de los más extraños e incomprensibles,
caen gotas de tedioso sentido desde sus esquinas;
y desde su interior es posible que nos llegue,
aun en casi imperceptibles ráfagas de lejano aroma,
cierto olor a algo conocido, presente nuestro,
incluso a nosotros mismos.

Las palabras, los versos, los poemas
son ya algo en sí, sin su sentido:
música, ritmo, esencia, creación,
pretérito para el futuro
(todo lo que el vientre sienta
puede venir de cualquier mundo
o puede no ser aún ni de esta tierra).

Las palabras, los versos, los poemas
son para sí mismos ya un significado,
aunque inconcreto, confuso, turbio,
un sonido, una combinación, una casualidad.
Todo se posa sobre las palabras, los versos, los poemas,
incluidas las ocultas intenciones
de la razón y el destino.

Las palabras, los versos, los poemas
son, sin diferencia, exactos a la vida.
Todo puede ser más fácil,
más comprensible, más común
(la vulgaridad puede manar por los poros de la piel,
concentrarse en las esquinas del alma,
desprenderse a cada paso,
escribirse, recitarse, respirarse y siempre vulgar,
siempre balsámico ungüento de ausencia de reflexión,
rabia, rebeldía
y dolor).

¿Para qué la simplicidad sin ser llamada?
¿Por qué lo explícito? ¿Por qué todo igual?
¿Por qué una palabra universal
y no otra más bella e inconcreta?
Para ser entendido, supongo.
Como si acaso
cupiese la incomprensión en los más raros poemas,
en los más complejos versos,
en las más inusuales palabras.

La incomprensión es algo tan grande
que cabe hasta en el más pequeño de los sentimientos,
pero no tiene sitio en un poema,
por muy simple,
lleno de mil sentidos por persona y día.
Con eso tenemos
un millón de significados
hasta para el más pequeño de los poemaS.

UNA PETICIÓN

Es fácil pensar que las cosas son como son,
que la vida es un camino pedregoso,
que un sueño es un engaño,
que una ilusión solo gotas de oxígeno,
líquido que nos ponemos
en las heridas de la tristeza para sanarlas,

que un beso es solo el tacto de tus labios,
que una caricia solo un regalo del destino,
que la soledad una corriente de aire helado,
que tu compañía solo tu presencia.

Es muy fácil todo eso,
pero de mi pensamiento
caen lágrimas de incomprensión si eso es todo,
y mi imaginación haría cola detrás de mi esperanza
en la puerta de todos los cementerios
buscando un nicho apartado.
Si eso fuera o fuese todo,
eso no es nada.

El camino pedregoso es un juego,
el engaño de los sueños
es la destilería de nuestros mejores vinos.
Ser tú siendo yo, ser nosotros siendo nuestros,
que las heridas de pena se secan

al viento de tu voz y tus bailes,
ausencia de miedo.

Que tus labios son en sí un beso,
el destino es tu caricia,
la soledad un invento
y tu presencia una compañía de cariño,
la vida el juego, la caricia el beso
y nada es mentira, todo es un sueñO.

al viento de tu voz y tus bailes,

Escucha

¡Escucha!
La voz suena mientras se pierde y vuelve a venir,
sonido múltiple desde esquinas, altillos,
desde el sol, desde la tierra.
¡Escucha, casi podrías verlo!
Es la luz lo que suena, lo que se oye,
el vacío floreciente de todo lo que proyectamos
desde nosotros
hasta el infinito.
Ni uno solo de nuestros pasos, o todos,
ni uno solo de nuestros pensamientos,
nada pasará por la trituradora del olvido
sin haber sido antes
niebla, nube, fuego, aliento, asedio de nuestros pasos.
¡Escucha!
No digas que no ves, que no oyes, que no sientes,
date en cuerpo y alma a la vida y contempla.
Si no,
¡excusaS!

LA COLA DE LA CARNE

Me pongo otra vez en la cola de la carne.
Ya volví de ver los pollos; son pequeños, no me valen.
A lo lejos una voz: «Cuatro de papas, veinte duros».
Puede ser, ahora veremos.
Las chuletas mucho hueso, las costillas poca carne.
¿Qué tal un poco de magro con las papas y *pa'lante*?
Aliño dos tomatitos con ajito como entrante,
más el pan y unas naranjas. Con eso comen bastante.

De merienda pan con chóped
y de cena un *tortillamen.*
Ya por hoy van servidos; mañana miraré el pescado,
que los lunes no reparten.

A los chicos les da igual, ni se enteran con las prisas;
y las mayores verás que se chivan a las niñas.
Como se enteren mañana que la carne es de pescado,
ya me veo calentando lo que sobre de estofado.

Y este hombre con el vino, casi un litro cada día.
¿Qué le cuento si no llega?
¿Lo de las medias de Sara,
lo de los dientes de Gema,
lo del viaje de Arturo
o lo de los tenis de Juana?
¿O le digo sin tapujos que con esto no me llega?

Eso haré, basta de sedas.
Si no tengo para el vino,
que se aguante y que se duerma,
que no lo quito yo de mis niños
pa que beba este *juanbrebas*.

No tenemos ni champú, ni lejía,
ni gel, ni detergente apenas.
Voy a ver *ancá* El Baúl
la oferta que mejor venga.
Por doscientas detergente,
más un bote de champú y lejía *pa* los suelos.
Ya tengo la solución, el jabón ese verdoso
que va bien para la ropa, *pa* la piel y *pa* los pelos.
Con cincuenta pesetillas soluciono *to* los peros.

Veremos ahora la fruta;
qué locura, vaya precios.
Me llevaré las naranjas
y media docena de huevos.
A la vuelta del colegio,
si me da lugar, ya vuelvo.

Con los niños en la mesa,
las patatas en el fuego,
el magro sigue en la tienda,
las naranjas descambiadas
por dos litros de vino bueno,
cardenales en sus brazos,

venillas para sus piernas,
varices para sus senos
y la mejor de sus risas
cuando suenan los bostezos.
«Hola, papi, ¿cómo estás?»,
el chico corre a su encuentro.
«¿Qué hacéis comiendo tan tarde?».
«Es que son papas con huevo»,
la mayor como argumento.
«Ponme una copa de vino,
que ya hablaremos luego»,
a la mujer sin mirarla
mientras le salpica un fuegO.

NOSTALGIA

Y entonces vino esa flor, muy pequeña, muy lejana.
Vino caída de un árbol invisible a mis teoremas,
un árbol imaginario, muy frondoso, de hojas secas.

Una rosa de los vientos se mecía en mi cabeza
con celosía de oro, con colores de agua y pena,
de infortunio, de añoranza, de lápidas, de sirenas.

Lleno de amores vacíos, vacío de palabras llenas,
atado de mil indultos, suelto de miles condenas,
suspirando desde un sueño con amanecer en vela,
abrazado a una silueta de virtud, de finas hierbas,
con sonido de latidos, con olor a madreselva,
abrazado a la bondad o invadido por tu ausenciA.

Índice

Sobre el autor

Joaquín Alberto Zafra Ratia es deportista y escritor de vocación.

Joaquín Zafra, apasionado del balonmano, pasó gran parte de su infancia y juventud dedicado a ello, haciendo de su pasión deportiva su profesión y llegando a jugar en la élite. Un sobresalto lo sacó físicamente del campo de forma definitiva, aunque su espíritu sigue intacto entre las gradas. En su obligada reinvención, estudió informática y en la actualidad se dedica a la formación *e-learning* en una empresa de nuevas tecnologías, donde se desarrolla profesional y personalmente en plenitud.

Alberto Ratia, escritor apasionado. Su afición le viene desde la cuna y la trae en las células. Creció viendo a su padre leer de forma compulsiva. De él conserva muchos de sus libros y sobre todo el amor por las palabras y el talento en la forma de combinarlas. De Mari, su madre, heredó la sapiencia para saber ubicar los silencios. Las *Palabras Soltadas* de Alberto, blog en el que publica sus escritos, y su voz singular le han llevado a participar desde hace años en diversos programas de radio, donde ha desarrollado su labor como colaborador.

Decía Carl Jung: «Si eres una persona con talento, no significa que ya hayas recibido algo. Quiere decir que puedes dar algo». Y eso es este libro…, su primer libro.

www.ingramcontent.com/pod-product-compliance
Lightning Source LLC
LaVergne TN
LVHW040128180726
843489LV00005B/1635